MW00648213

Resiste y vencerás

Grupo ROBIN BOOK

Barcelona - México
Buenos Aires

Alain Samson

Resiste y vencerás

Diez claves precisas
para vivir más feliz

Traducción de Patricia Sánchez

autoayuda
ROBIN
BOOK

Si usted desea que le mantengamos informado
de nuestras publicaciones, sólo tiene que remitir-
nos sunombre y dirección, indicando qué temas
le interesan, y gustosamente complaceremos su
petición.

Ediciones Robinbook
información bibliográfica
C/. Indústria 11 (Pol. Ind. Buvisa)
08329 – Teià (Barcelona)
e-mail: info@robinbook.com
www.robinbook.com

Título original: *La vie est injuste, tant pis!*

© 2004, Les Éditions Transcontinental Transcontinental
   Published under arrangement with Les Éditions Transcontinental Inc.,
   Montréal, Québec, Canada

© 2009, Ediciones Robinbook, s. l., Barcelona
Diseño cubierta: Regina Richling
Fotografía de cubierta: iStockphoto
Producción y compaginación: MC producció editorial
ISBN: 978-84-7927-962-2
Depósito legal: B-865-2009
Impreso por Limpergraf, Mogoda, 29-31 (Can Salvatella),
   08210 Barberà del Vallès

Impreso en España - *Printed in Spain*

Introducción

Lo que no nos mata nos hace más fuertes.

NIETZSCHE

Nos damos cuenta de la fuerza del té cuando lo ponemos en agua hirviendo

DICHO POPULAR

En el año 2000 en Quebec, un policía se suicidó tras haber gastado el último dólar de un total de 1.200 destinados a la Fundación «Sueños de infancia». Antes de traspasarse el corazón con una bala, este hombre, de 34 años, dedicó un tiempo para escribir una carta en la que afirmaba: «Cuando era pequeño, no creía que el juego podía ser peligroso, pero, creedme, sí lo es». En el momento de apretar el gatillo, consideró que su vida no valía 1.200 dólares.

En el año 2003, en Saint-Hyacinthe, el director de un hospital se suicidó cuando los medios, aportando pruebas, revelaron que algunos de sus empleados se comportaban de manera irrespetuosa con sus pacientes. Este hombre no pudo soportar la mirada crítica del público ni el escaso poder que tiene realmente un director de hospital.

El 22 de julio de 1972, John Callahan estaba completamente ebrio y, por esta razón, prefirió no conducir. Fue Dexter, uno de sus amigos, quien se puso al volante en su lugar. Sin embargo, Dexter estaba tan borracho como John y, como errar es humano, al salir de un bar donde habían parado para tomar otra copa, confundió un poste eléctrico con la salida a la autopista. El accidente fue terrible.

Al despertarse, John se sintió aliviado al saber que Dexter no tenía más que heridas menores. Unos días más tarde, le dijeron que él se había quedado tetrapléjico. A partir de ese momento sólo podría desplazarse en silla de ruedas. Un pañal y una bolsa de colostomía le servirían de servicio para el resto de sus días y tendría que depender de los demás durante toda su vida. En aquel momento la noticia no le desestabilizó demasiado. Estaba demasiado drogado para darse cuenta de lo que acababan de decirle.

Después, sin saber que otra cosa podía hacer, se concentró de nuevo en lo que le apasionaba cuando era niño: dibujar. Cogiendo su lápiz con una mano y cerrando los dedos con la otra, emprendió su carrera. Actualmente, su serie de dibujos animados *(¡Quads!)* se publica por todo el mundo y John se dedica a la lucha por los derechos de los disminuidos físicos.

Las personas no reaccionan de la misma manera cuando pasan por situaciones dramáticas. Algunos se recuperan, otros se sienten aniquilados. ¿Por qué?

En abril de 1991, Corinne perdía a su esposo tras un accidente vascular cerebral (AVC). A partir de ese momento se encerró en su casa. Conservó en su salón la placa que habían puesto con el ramo de flores en la funeraria. En la placa estaba escrito el siguiente mensaje: «Dejo a los que amo para volver a encontrar a los que ya he amado». Cinco meses más tarde, Corinne también murió del mismo tipo de AVC. No podía vivir sin su esposo.

En 1992, el novio de de Vicky, una adolescente de 17 años, se mataba en un accidente de coche. Tres semanas más tarde, Vicky se colgó cuando sus padres no estaban en casa. Cuando éstos volvieron, unas flechas puestas a partir de la entrada, les llevaron hasta el cuerpo de su hija. En la habitación donde hicieron el macabro descubrimiento, sonaba constantemente una canción de Michel Sardou («Queridos padres, me voy… Os quiero pero me voy… Esta noche ya no tendréis una hija…»). Cuando su novio murió, Vicky dejó de aferrarse a la vida.

<hr />

En 1980, un hombre que ya había sido condenado por conducir con sus facultades disminuidas atropelló a la joven Cari Lightner, que iba al carnaval de su escuela después de una partida de *softball*. [1] Como reacción a la muerte de su hija, la madre de Cari y Cindy Lamb, otra madre que había pasado por la misma prueba, fundaban Mothers Against Drunk Driving (MADD), un organismo que, actualmente, cuenta con más de 900 fi-

1. Juego de pelota parecido al béisbol *(N. de la T.)*.

liales en todo el mundo y que ha empujado a muchos gobiernos a modificar las leyes por conducir en estado de embriaguez.

> Las personas no reaccionan de la misma manera ante la pérdida de un ser querido. Algunos se levantan de nuevo, otros se dejan ir.

El 28 de agosto de 2003, Salvador Tapia se presentaba en la empresa de la que su patrón le había echado seis meses antes y mataba a seis de sus antiguos compañeros. Unas horas más tarde, Tapia, 36 años, moría en un tiroteo con la policía. Nunca había aceptado su despido.

El 4 de diciembre de 1967, Jean Charpentier perdía a la vez su empleo, su patrimonio y su casa durante el incendio de su tienda de muebles, lo cual dejaba a la familia en estado de quiebra técnica. Unos días más tarde, compró (a crédito) un terreno situado muy cerca de los escombros, pidió prestados algunos euros aquí y allá y convenció a algunos de sus proveedores para que le respaldaran. La empresa sigue siendo solvente hoy día.

> No todas las personas reaccionan de la misma manera cuando pierden su empleo. Algunos toman otra vez las riendas de su vida, otros se hunden.

El 20 de junio de 1974, Louisette, una alumna de la escuela secundaria Marie-Rivier, participaba en la gala anual de su escuela. Durante su actuación, su flauta travesera emitió dos notas discordantes que provocaron risas y silbidos en la sala. Esa noche, Louisette limpió lentamente su flauta y la guardó en su estuche. Nunca más volvió a tocarla. Después de esto, nunca intentó aprender a tocar ningún otro instrumento. En realidad, nunca más intentó nada. Incluso cuando, más tarde, los hombres la invitaban a bailar, respondía con una sonrisa embarazosa que no se le daba bien.

El mismo mes, Marcos, un alumno de la escuela secundaria Jean-Raimbault, presentaba un monólogo en la gala Méritas de su escuela con un fracaso estrepitoso. Los *gags* no eran apropiados para ese público y el ritmo era malo. Al volver a su casa por la noche, Marcos intentó comprender que era lo que no había ido bien. Al día siguiente, se inscribió como participante en los Seminarios culturales del Centro de Quebec y ofreció una versión mejorada de su número.

> **No todas las personas reaccionan de la misma manera ante los fracasos. Para algunos, constituyen una ocasión para mejorar. Para otros, es la prueba de que hay que dejarlo todo.**

No todos nos quedaremos tetrapléjicos como John Callahan, ni veremos a nuestros hijos morir, ni todos nuestros amigos morirán jóvenes en un accidente de automóvil. Cada una de esas dramáticas situaciones

13

puede darnos la impresión de que la vida es injusta y de que golpea al azar.

———❦———

Ahora bien, cada uno de nosotros tendrá que enfrentarse a situaciones dramáticas y críticas en su vida. Algunos las pasarán durante su juventud, otros más adelante. Todos nosotros estamos llamados a vivir **al menos una crisis importante.**

Algunos salen de ello más fuertes. Otros se hunden en un sentimiento de impotencia que los devora poco a poco. Algunos sacan grandes lecciones de esto. Otros son incapaces de enfrentarse a ello. ¿Qué es lo que diferencia a los que sobreviven, a los que vuelven a comenzar de aquellos que se dejan morir? La **resiliencia.** [2]

Consulta el diccionario. Verás que la palabra resiliencia se refiere a los materiales. Es una característica mecánica que define su **resistencia a los choques.** Los metales que tienen poca resiliencia, se rompen al primer golpe, mientras que los que presentan una gran resiliencia absorben los choques fuertes deformándose y retomando después su forma inicial. Aunque el diccionario no diga nada sobre el tema, esa misma característica puede aplicarse a los seres humanos. Algunas personas soportan los golpes mientras otras se vienen abajo al primer obstáculo, a la primera crisis.

Se ha analizado en detalle a algunas personas resilientes. Por ejemplo, se ha intentado comprender por

2. En psicología, el término resiliencia se refiere a la capacidad de los sujetos para sobreponerse a tragedias o periodos de dolor emocional *(N. de la T.)*.

14

qué algunas habían salido vivas de los campos de concentración mientras otras habían muerto allí. Se ha intentado comprender por qué algunas personas que tienen todo (un físico agradable, un medio de vida holgado, etc.) se hundían en la depresión mientras otras, que han crecido en medios desfavorecidos y/o padecen una fuerte minusvalía, gozan de la vida y experimentan placer cada día.

El resultado de estos estudios es sorprendente: las personas resilientes no son especiales. No poseen un gen único. No son más inteligentes ni están más apoyadas por su entorno que las que se hunden al primer capricho del destino. Simplemente han decidido no verse como víctimas y han desarrollado costumbres o hábitos que les permiten **sacar el máximo provecho de las situaciones que viven,** ya sean éstas agradables o desagradables.

Estos hábitos están a tu alcance. En esta obra, presento las 10 claves de la resiliencia. Es probable que ya poseas algunas. Te queda adquirir las otras. Cuando lo hayas logrado, contarás con más puntos a tu favor.

- *Estarás menos tentado de apiadarte de tu suerte.* Frente a un mal golpe del destino, más que quejarte porque la vida es injusta y no mereces lo que te pasa, intentarás descubrir lo que puedes hacer para avanzar.
- *Encontrarás más fácilmente tu equilibrio.* Tardarás menos en volver a ti mismo cuando un suceso desestabilizador te deje por tierra momentáneamente. Volverás a tomar las riendas más rápidamente.
- *Aumentarás tu esperanza de vida.* Tu longevidad está íntimamente ligada a la manera que tienes de

15

pensar y a la forma en que reaccionas. Adoptando los hábitos presentados aquí, puedes vivir más tiempo.

- *Verás el futuro con optimismo.* Tendrás menos miedo de lo que te depare el destino. Estarás más en condiciones de apreciar los buenos momentos de la vida porque ya no oirás más esa vocecita que te dice que cuando todo va bien, seguramente hay algo grave que se avecina.

En resumen, todo lo que tienes que hacer es desarrollar nuevas costumbres. No siempre será fácil, pero, créeme, no lo lamentarás.

1

Escucha
atentamente
lo que sientes

*Cuando surge un pensamiento es cuando hay
que ocuparse, no cuando las emociones se han
vuelto ya incontrolables.
(Hay que controlar la chispa, si no
¿qué haremos cuando todo el bosque arda
en llamas?)*

JEAN-FRANÇOIS REVEL

*L*a mayoría de las personas con las que te cruzas cada día serían incapaces de decirte lo qué sienten si se lo preguntaras. No es extraño: a menudo han crecido en entornos en los que se les prohibía conectar con sus emociones.

❖ Cuando va a subir al avión que la llevará a Cuba en sus primeras vacaciones, Carmen se siente reticente. Recuerda las películas sobre catástrofes que han rodeado su infancia y tiene miedo de estrellarse. Su padre la mira desde lo alto de sus casi dos metros y le «explica» que no tiene que temer nada y que hay que avanzar. Carmen se pregunta entonces lo que siente: ¿tiene miedo o no? Su padre, que por lo general tiene razón, le dice que no hay por qué preocuparse. Carmen decide pues ignorar lo que siente.

19

❖ Mientras pasea con sus padres, Jasón tropieza y se hace un arañazo en la rodilla. Cuando empieza a llorar, su madre le dice que no le duele y que tiene que seguir. Jasón se pregunta por qué siente dolor si realmente no le duele.

❖ Tras un día de compras, Francisca visita una heladería con su madre. Empieza a pedir un cucurucho de helado de nata con chocolate cuando su madre interviene y le recuerda que lo que prefiere es un helado de vainilla. Francisca piensa que, probablemente, su madre tiene razón.

En estos ejemplos, tres niños han aprendido a **desconectar de sus emociones.** Carmen ha aprendido a reprimir su miedo, Jasón a negar su dolor y Francisca a no fiarse de sí misma para determinar cuáles son sus auténticos gustos. ¿Les han hecho un favor sus padres?

⊰≡⊱

Nuestras emociones deberían servirnos de radar. Si perdemos el contacto con lo que realmente sentimos, si ignoramos nuestra vida interior, nos privamos de una información esencial para sobrevivir en la sociedad. En este capítulo echaremos una ojeada a las emociones básicas y a lo que las origina. Un pequeño consejo: no te saltes estas páginas por la simple razón de que su contenido te parezca evidente. Algunos conceptos que se presentan, desde aquí hasta el final del capítulo, te serán muy útiles.

Antes de continuar leyendo, detente un momento. ¿Cómo te sientes ahora? ¿Interesado? ¿Aburrido? ¿Intrigado? ¿Enfadado? ¿Piensas que esta pregunta no es importante? ¿Crees que hacer este ejercicio no te aportará nada? ¿Tienes miedo de no encontrar las palabras que expresen exactamente tu estado de ánimo? Anota en una hoja las emociones que sientas ahora y las posibles causas de que esas emociones se hallen en tu conciencia. Te doy algunos ejemplos del esfuerzo que espero de ti.

¿QUÉ SIENTES EN ESTE MOMENTO?

Soy un buen apoyo
Hace una media hora me ha llamado otra vez Manuel llorando para contarme sus desengaños amorosos con Pablo. Es la tercera vez esta semana.

Estoy entusiasmado
Parece que por fin he dado con un libro que va a ayudarme a comprender mejor por qué cometo siempre los mismos errores.

Me siento confuso
Pensaba que este libro me daría recetas fáciles y me doy cuenta de que exige que haga esfuerzos por mi parte. Es un rollo.

¿Qué emociones sientes aquí y ahora? Tómate el tiempo que necesites.

Las emociones básicas

Una emoción es una reacción psicológica que el ser humano tiene en relación con lo que percibe, tanto des-

21

de el punto de vista interno (su imaginación o interpretación de los acontecimientos) como externo (lo que sucede a su alrededor). Según el caso, la emoción puede ser de poca o mucha intensidad, positiva o negativa.

Las emociones que sientes son **personales**. Dos personas en la misma situación no sentirán necesariamente las mismas emociones, porque las interpretarán de manera diferente. Es uno de los primeros factores que permite diferenciar a los luchadores, es decir a las personas enérgicas y combativas, de las víctimas.

El interés

Hay cosas que te interesan más y otras que te interesan menos. Puedes morirte de ganas por asistir a un espectáculo y puede que no sientas ningún interés por asistir a una clase. El interés nace cuando entrevés la posibilidad de **colmar una necesidad que sientes conscientemente.**

Según lo que te interese en un momento determinado, ante un estímulo sentirás aburrimiento, indiferencia, curiosidad, fascinación, entusiasmo o excitación. Por ejemplo, ¿qué interés tendrías en un libro de texto, según fuera el examen mañana o dentro de seis meses?

Una buena manera de conocerte mejor consiste en plantearte qué intereses tienes en este momento. Si hay un tema que te importa, pregúntate qué necesidad colmarías si lo conocieras mejor. Escuchemos a Marie: «Me sentí interesada en las novelas de Paulo Coelho, cuando supe que era el autor favorito de un compañero de trabajo del que me había encaprichado». Si de pronto te interesa la obra cinematográfica de Tim Burton, pregúntate qué ha provocado tal estado mental.

El interés constituye una emoción muy intensa que te permitirá comprender mejor el mundo que te rodea. Un ser humano sano, es un ser humano interesado por su entorno.

El placer

Según los acontecimientos y la comprensión que tengas de ellos, sentirás o no placer. Por ejemplo, hay personas a las que les gusta ver sufrir a los demás y otras que lo odian. El placer es una emoción personal. Llevado a su extremo, el placer te hace sentir alegría y, en ese momento, tienes la impresión de que nada podría estropear la fuerza de ese sentimiento.

Según el grado de placer que sientas en ese momento, tu emoción se situará en alguna parte entre la satisfacción y el éxtasis. El placer nace cuando acabas de satisfacer alguna de tus necesidades. El placer constituye una fuerte emoción que te empuja a repetir comportamientos que fueron recompensados en el pasado.

¿Qué es lo que provoca el placer en ti? ¿Un cumplido de una persona que aprecias? ¿El hecho de levantarte tarde el domingo? ¿La quiebra de Marta Stewart o el arresto de Michael Jackson? Todos tenemos nuestras fuentes de placer.

La sorpresa

La sorpresa sobreviene cuando un acontecimiento imprevisto te desestabiliza y, por un momento, te preguntas cómo puedes reaccionar. Tu reacción será diferente

si piensas que este acontecimiento no es muy importante o, por el contrario, si piensas que pone tu vida en
peligro.

La sorpresa también es una emoción cuya intensidad puede variar mucho. Según el caso, te sentirás asqueado, indiferente, extrañado o impresionado.

❖ Al volver de un espectáculo de aficionados de
   una compañera de trabajo: «¡Es extraño, nunca
   hubiera pensado que fuera tan buena!».
❖ Tras escuchar un disco: «Nunca me había atraído
   Jean Leloup. Me repelía. Pero cuando escuché
   La vallée des réputations me quedé perplejo».

La vergüenza

La vergüenza aparece cuando baja tu autoestima tras
haberte comparado con otra persona en detrimento
tuyo.

Esto puede ocurrir cuando estás ante un grupo (interpretas una obra de teatro y te olvidas de tu papel, de-
sencadenando la hilaridad general) o cuando estás solo
(ves que tu vecino tiene ahora una piscina y eso te recuerda que tú no dispones de medios para construir
una). En casos extremos, la vergüenza se convierte en
humillación y empuja al individuo que la siente a ais-
larse, a huir de las miradas de los demás.

La ira

La ira sobreviene cuando tienes la impresión de que se han entrometido en tus asuntos. Por ejemplo, si alguien abre tu correo, puedes montar en cólera porque no han respetado tu vida privada. En algunas situaciones, la ira se convierte en rabia o en furia. En los casos más suaves, se convierte en irritación o contrariedad. Vivimos en una época en la que la ira es cada vez más frecuente. Por ejemplo, conozco a minoristas que casi siempre me dicen que los clientes tienen menos paciencia que antes, hasta el punto de que varios montan en cólera sin razón alguna.

La culpabilidad

Mientras la ira nace cuando alguien se entromete en tus asuntos, la culpabilidad aparece cuando te das cuenta de que te has entrometido en los asuntos de otra persona o cuando piensas hacerlo. En cierto sentido, la culpabilidad que se siente antes de realizar ese gesto es una emoción que nos ayuda a comportarnos mejor en público y que nos protege de la vergüenza que sentiríamos si cometiéramos ese error. Es una emoción que, cuando es funcional, nos protege y nos permite conservar nuestro estatus en la sociedad.

❖ Daniel: «El cajero se había olvidado de cobrarme uno de los artículos. Por un momento, pensé no decir nada. Fue entonces cuando me sentí culpable».

❖ Guillermina: «Mi hijo se declaró en quiebra la semana pasada. Desde entonces, me siento culpable. No sé por qué. Ha sido él quien ha abusado de sus tarjetas de crédito».

El miedo

El miedo aparece cuando sientes una amenaza cercana. Llevado a su paroxismo, el miedo se convierte en terror y, en ese momento, te inmoviliza. En su forma más ligera, te hace sentir nervios o ansiedad.

El objetivo del miedo es protegerte. Te lleva a afrontar la amenaza que presientes o te anima a evitarla. Por ejemplo, si no tuvieras miedo de tener un accidente, ni siquiera mirarías antes de cruzar la calle. El temor de tener un accidente te obliga a ser más prudente. El miedo, si es funcional, es una emoción que te protege de los peligros de tu entorno.

La tristeza

La tristeza se ampara de ti cuando sientes una pérdida. Cuando es funcional, este sentimiento te permite adaptarte a esa pérdida. Llevada a su extremo, la tristeza se convierte en una tortura y te hace caer en la depresión. En ese momento, arrastra a la persona a la pasividad y a un sentimiento de impotencia.

Los acontecimientos, aunque sean iguales, no provocan siempre el mismo tipo de sentimiento puesto que ello depende de la personalidad de cada uno. Por ejemplo, una persona sentirá una profunda tristeza si se entera de que su cónyuge la engaña mientras otra montará en cólera. Eso depende de la interpretación que cada uno haga del acontecimiento en cuestión.

La aversión

Sientes aversión cuando algo te empuja o te incita a alejarte. Si este sentimiento es funcional, esta emoción te permite reducir tu estrés y te mantiene en un entorno agradable para ti. Estas emociones están continuamente presentes en ti y fluctúan en intensidad a lo largo del día. Pueden incluso acoplarse para crear otras emociones. Así, si sientes a la vez ira y aversión hacia una persona, experimentas desprecio. La presencia simultánea de ira y vergüenza da como resultado los celos (o la envidia), mientras que una mezcla de vergüenza y tristeza te lleva a un sentimiento de impotencia.

Eres un magma de emociones que cambian a lo largo del día en función de los acontecimientos y de tu diálogo interno. Las personas resilientes son conscientes de las emociones que sienten y están preparadas para aceptarlas. Las personas no resilientes se dejan invadir por emociones cuya intensidad no se ajusta a la realidad. Veamos tres ejemplos.

❖ Mireia echa una ojeada al reloj y se da cuenta de que los niños llegan tarde. Normalmente llegan de la escuela a las 15:45 h y son las 15:50 h. Entonces, algo se dispara en ella y ve pasar ante sus ojos toda una película. ¡Algún maniaco sexual, perverso y peligroso los ha secuestrado! Empieza a imaginarse los malos tratos que soportarán sus hijos y se deja caer en la silla llorando. Así es como estos la encuentran cuando vuelven de la escuela a las 15:53 h.

❖ Pedro tiene que hacer una corta presentación en la que hablará de su estrategia para conquistar a un cliente potencial. Unos minutos antes de tomar la palabra, comienza a tener un nudo en la garganta. Su corazón late a toda velocidad y sus sienes se empapan de sudor. Enrojece y se pregunta: «¿Qué pasará si no llego a hacer mi presentación? Voy a perder mi trabajo. Voy a encontrarme en la calle. Mis hijos no me hablarán más. Me convertiré en un desecho». Pedro siente una fuerte angustia.

❖ Esta mañana, Luis se ha despertado tarde. Al darse cuenta de que llegaría 20 minutos después de la hora normal a la oficina, siente una mezcla de vergüenza y tristeza. «¿Para qué ir al trabajo?, se dice. Me van a despedir. Más vale que me acueste». Luis vuelve a meterse en la cama, completamente descorazonado y persuadido de que nunca hará nada bueno en su vida.

La tabla de la página siguiente permite resumir lo que acabamos de ver. Puedes relacionar cada una de las emociones básicas con su causa más probable.

Observa el número de veces que la palabra **percepción** se utiliza en esta tabla. Recuerda que las emociones son personales y están basadas más en tu percepción de los acontecimientos que en la realidad objetiva. Cuando esta diferencia entre la realidad y tu percepción es demasiado grande, puedes sentirte paralizado e impotente. Mireia no ha pensado ni un solo instante en ir a buscar a sus hijos. Luis, desesperado, ni siquiera ha intentado ir al trabajo. Pedro se dispone, en los próximos minutos, a hacer la peor presentación de su carrera. Sin embargo, las emociones pueden constituir una herramienta indispensable para superarnos y realizarnos en la vida. La tabla que viene a continuación presenta los beneficios que éstas pueden aportarnos cuando nuestra percepción de una situación se acerca a la realidad.

EMOCIÓN	CAUSA PROBABLE
Interés	Percepción de la posibilidad de colmar una necesidad
Placer	Satisfacción de una necesidad
Sorpresa	Desestabilización causada por un acontecimiento imprevisto
Vergüenza	Disminución de la autoestima causada por compararse con otra persona
Ira	Sentimiento de no ser respetado
Culpabilidad	Percepción de habernos entrometido en asuntos ajenos (o estar a punto de hacerlo)
Miedo	Percepción de una amenaza inminente
Tristeza	Percepción de una pérdida
Aversión	Percepción de un acontecimiento o de un objeto muy desagradable

A lo largo de la historia humana, los individuos que han escuchado sus emociones son los que han tenido más probabilidades de sobrevivir. Ellos nos han transmitido sus genes. Los demás no han sido capaces de

adaptarse a su entorno y han perecido antes de poder
asegurar su descendencia.

EMOCIÓN	POSIBLE BENEFICIO
Interés	Aumento de posibilidades para colmar una necesidad
Placer	Capacidad de apreciar los momentos agradables y celebrar los cumplidos
Sorpresa	Capacidad para adaptarse a una situación cambiante
Vergüenza	Descubrimiento de posibilidades de mejoría y desarrollo personal
Ira	Capacidad de hacer valer nuestros derechos
Culpabilidad	Pulsión que permite volver a establecer un puente con una persona a la que hemos maltratado
Miedo	Capacidad para evitar un acontecimiento peligroso
Tristeza	Posibilidad de hacer el duelo tras una pérdida y evitar una repetición del acontecimiento desencadenante
Aversión	Mejora del entorno inmediato

Tomemos el miedo por ejemplo. El hombre prehistórico que se encontraba ante una pantera hambrienta y sentía miedo, tenía muchas más probabilidades de sobrevivir que el que no sentía esta emoción. Asimismo, el individuo capaz de sorprenderse podía afrontar mejor los cambios que ocurrían en su entorno. Las emociones basadas en la realidad nos permiten afrontar mejor nuestro entorno.

Volverse más **resiliente** exige encontrar el mejor ajuste posible entre el mundo real y el que percibimos. Para hacerlo, tenemos que escuchar nuestras emociones. Esto es lo que vamos a abordar en la próxima sección.

CLAVE N.º 1

La **capacidad de abrirnos a nosotros mismos** constituye la primera clave de la resiliencia. Ahora vas a revisar los acontecimientos que más han destacado en tu vida a lo largo de los últimos meses. Después, durante un mínimo de dos semanas, llevarás un diario con tus emociones cotidianas. Por supuesto, este ejercicio te parecerá más difícil si te has acostumbrado a ignorar tus sentimientos desde que eras niño. Pero las informaciones que obtendrás con esta actividad te servirán a lo largo de los capítulos siguientes.

Revisa tu pasado reciente

Anota las situaciones difíciles por las que has pasado durante los últimos meses. Puedes sacarlas de tu vida personal o de tu vida profesional. Esfuérzate por no interpretarlas. No incluyas tampoco juicios personales en tu descripción. Juega a ser un periodista y **atente a los hechos**. Aquí tienes algunos ejemplos:

❖ Luisa: «Hace 10 días, en el aniversario de nuestro matrimonio, Eric me invitó a un restaurante mexicano. Al final de la noche, me reprochó no haber dicho nada durante la cena. Le respondí que me ponía de los nervios y volví a casa en taxi».

❖ Felipe: «El mes pasado, cuando mi hijo me trajo sus calificaciones escolares, eché una ojeada y enseguida me di cuenta de que había sacado una mala nota en inglés. Lo castigué inmediatamente: tenía que quedarse en casa todo el fin de semana y ¡nada de recibir a sus amigos! Se fue a su habitación y ya no lo vi más ese día. Esa noche, cogí una mona memorable».

❖ Diana: «Ocurrió la semana pasada. Sabía que el servicio en el que trabajaba iba a reducir presupuestos, pero no me imaginaba, ni de lejos, que mi puesto fuera a ser eliminado. Cuando mi supervisor me pidió que fuera a su despacho, lo comprendí enseguida».

Una vez recopilados estos incidentes, pregúntate lo que sentiste en el momento en que sucedieron. ¿Qué emociones tenías? Por ejemplo, Luisa respondería que se sentía furiosa durante toda la comida, Felipe mencionaría que se sentía culpable y Diana diría que sentía una mezcla de miedo y resignación.

Consulta ahora el cuadro de la página 30 y mira cual es el origen más frecuente de la emoción identificada. Por ejemplo, Luisa descubrirá que el origen de su ira es, por lo general, la sensación de no ser respetada. Ahora tendrá que descubrir cuál es la razón de esto. Puede hacerlo planteándose algunas preguntas.

- ◆ ¿Por qué sentía esa ira?
- ◆ «Lo ignoro».
- ◆ ¿Había ocurrido algo en especial antes, ese día?
- ◆ «No».
- ◆ ¿Las palabras de Eric eran inconvenientes o se comportó mal durante la comida?
- ◆ «No. Hizo todo lo posible para hacerme sonreír incluso si yo ponía mala cara».
- ◆ ¿Fue el restaurante elegido?
- ◆ «¡Sí! Me hubiera gustado que me invitara al *Dauphin*. Después de todo, era nuestro decimo-quinto aniversario de boda».
- ◆ ¿Pero por qué esta ira?
- ◆ «Me habría gustado poder elegir dónde iríamos esa noche y me dije que, después del tiempo que hacía que nos conocíamos, Eric debería haber adivinado lo que me complacería más».

¡Ta-Chan! Luisa acaba de tomar conciencia de la razón de su ira la famosa noche de la cena. Asimismo, Felipe se dará cuenta de que se siente culpable por estar poco disponible y por no poder ayudar a su hijo en sus deberes escolares. Diana comprende rápidamente que tenía miedo de que la despidieran.

Ahora te queda por determinar si tu reacción fue la mejor, teniendo en cuenta esta nueva interpretación de los acontecimientos y si actuarías de la misma forma si la situación se repitiera actualmente. Veamos las respuestas de nuestros tres personajes.

❖ Luisa: «Si sucediera otra vez, le diría a Eric que me gustaría ir al *Dauphin*. Apuesto a que se pon-dría muy contento al conocer mis expectativas para esa noche y que todo iría mucho mejor si yo dejara de pensar que existe telepatía entre nosotros».

❖ Felipe: «Me doy cuenta de que, en lugar de atenuar mi sentimiento de culpabilidad, mi reacción lo ha amplificado. Si volviera a pasar, hablaría con mi hijo, le diría que sus notas en matemáticas y en historia son excelentes y le preguntaría qué puedo hacer para ayudarle a ser mejor en inglés».

❖ Diana: «Mi intuición era acertada y, si se reprodujera la misma situación, sentiría angustia de nuevo. Es muy frustrante perder un empleo en el que te has implicado tanto».

El objetivo de este ejercicio no es que te sientas culpable. Lo que quiero es ayudarte para que te des cuenta de que las malas reacciones sobrevienen normalmente cuando la percepción de la realidad es **incorrecta**. En los capítulos siguientes, tendré la ocasión de ayudarte a reconocer las creencias que se ocultan tras tus percepciones erróneas.

Lleva un diario

Escribe las emociones que sientes a lo largo del día en un bloc de notas, durante dos semanas. Concéntrate sobre todo en las que aparecen de repente o en las que te conmocionan más. Veamos lo que podría contener tu bloc.

> ## EMOCIÓN: INTERÉS
>
> **Circunstancias:**
> Al leer el periódico, me he parado en un artículo que trataba de un juicio en el que se acusaba a un empleado y a su jefe de acoso moral.
>
> **Confirmación:**
> Sí, esto colma una necesidad mía. Este artículo servirá para que prevalezca mi punto de vista en la reunión del próximo jueves sobre la necesidad de elaborar una política clara respecto al acoso moral para todo el servicio.

Después de dos semanas o de la primera si escribes mucho, haz una selección de tus notas. Agrúpalas según las emociones presentadas al principio de este capítulo y del tipo de situación que las ha provocado. ¿Hay emociones que abundan más que otras? ¿Hay acontecimientos que te impactan más? Sobre todo, ten en cuenta las cinco recomendaciones siguientes.

1. *¿Montas en cólera con frecuencia?* Si ese es tu caso, es que normalmente te sientes hostigado. ¿Es correcta esta impresión en la mayoría de los casos? Si no lo es, ten cuidado. Es posible que tengas tendencia a sentirte agredido. En ese caso, pasa al capítulo 4, titulado «No te lo tomes de manera personal».

2. *¿Sueles sentirte culpable?* Si es así, es que tienes la impresión de haber molestado asiduamente a otra persona. ¿Tienes remordimientos o algo que quieres que te perdonen? En este caso, pasa al capítulo 6, titulado «Haz las paces con tu pasado»

3. *¿Sientes miedo normalmente?* En caso afirmativo, ¿te paraliza el miedo? Si respondes afirmativamente, es posible que seas especialmente pesimista. En ese caso, pasa enseguida al capítulo 5, titulado «Deja de preocuparte».
4. *¿Sueles sentirte triste?* ¿Tienes casi siempre la impresión de ser una víctima impotente a la que las personas traicionan sin remordimiento alguno? ¿Alimentas la impresión de que el mundo es injusto y de que el destino no te ha dado buenas cartas? Si es así, pasa inmediatamente al capítulo 2, titulado «Toma el control de tu C.A.».
5. *¿Sueles sentirte avergonzado?* ¿Te da la impresión de no estar a la altura y de no hacer más que una pequeña fracción de lo que un individuo respetable podría hacer? ¿Te denigras a menudo al compararte con otras personas que ni siquiera aprecias? En ese caso, pasa enseguida al capítulo 3, titulado «No cargues con demasiadas cosas».

Tus emociones más frecuentes pueden decir mucho sobre tu entorno, tu estado anímico y sobre la diferencia que existe entre lo que percibes y la realidad objetiva. Acostúmbrate a escuchar lo que sientes y pregúntate si esas emociones corresponden a algunas situaciones por las que pasas. Tu capacidad de reaccionar depende de ello.

2

Toma el control
de tu C.A.
(Consejo de administración)

*Comité: grupo de personas incapaces de hacer
cualquier cosa por sí mismas que deciden
colectivamente que no se puede hacer nada.*

SIR WINSTON CHURCHILL

*E*n mis conferencias, pregunto a menudo a las personas si oyen a veces una voz en su cabeza. Primera respuesta: ¡no! Pero, sistemáticamente, una o dos terminan por levantar la mano. Con frecuencia, sus compañeros se burlan de ellas: «¡Ay, Juan Manuel, ya sabíamos en la empresa, desde hacía tiempo, que tenías problemas mentales!».

Continúo preguntando cuantas personas en el mundo oyen más de una voz en su cabeza y, antes de que tengan tiempo de pronunciarse, yo mismo levanto las dos manos. Cuatro o cinco personas me siguen con una risita molesta. Al final de la conferencia, pregunto cuantas personas oyen ocasionalmente voces en su cabeza. Casi todas levantan la mano.

¿Por qué resulta tan embarazoso decir que se oyen voces? Tranquilízate, ¡no tengo ninguna intención de enviar a nadie con bata blanca para que te ate a una camilla! Al contrario, te hablo de tu **capacidad para ser feliz.**

La mente humana es maravillosamente complicada. Tanto, que probablemente se nos ha olvidado mencionar que este hermoso mecanismo se entregaba, sin gastos suplementarios, con las dos opciones siguientes:

1. *Un consejo de administración interno.* Dentro de tu cabeza tienes a un grupo de personas que se sientan alrededor de una gran mesa de caoba y te hacen partícipe de sus opiniones sobre lo que te pasa a lo largo del día. Según diferentes especialistas que se han pronunciado sobre esta cuestión, este C.A. (Consejo de administración) lleva distintos nombres: el comité, el diálogo interior, la voz de la conciencia... Sea cual sea su nombre, este C.A. trabaja para ti. Por desgracia, a veces intenta sabotear tu vida.
2. *Una pantalla gigante interna.* También tienes una pantalla gigante que pueden utilizar las personas de tu consejo de administración interno para que puedas visualizar el pasado, el presente y el futuro. Se trata de un sofisticado sistema, dotado de todos los efectos especiales posibles, que puede hacerte ver tus peores temores en cinemascope o hacer que vuelvas a pasar continuamente por las peores situaciones de tu pasado.

De pequeño, utilizas tu pantalla gigante para imaginar lo que harás cuando seas mayor. Es posible que te hayas visto siendo periodista, bombero, policía, médico o Premio Nobel de la Paz. En esa época, controlabas lo que se presentaba en la pantalla, pero, al crecer, has dejado poco a poco que esta pantalla gigante la gestionen los miembros de tu C.A.

Esto quiere decir que, tanto si te encuentras en una cueva, en la cima del monte Everest o en la habitación de un mísero hotel de provincias, no estás solo. Llevas contigo a todas las personas que has nombrado y que forman tu consejo de administración personal. Quizá encuentres allí a tus padres o a tus abuelos. Es posible que también esté un profesor que hayas respetado o detestado cuando eras joven. Quizá has elegido a alguien que admiras, a tu primer amante, a un lector del diario televisado, al niño que has sido antes o a cualquiera que te haya causado una fuerte impresión.

¿Qué hace este comité en tu cabeza?

Los miembros de tu C.A. son miedosos. Por lo general, temen la vida y desean proteger su vehículo (es decir, a ti) de cualquier peligro que le aceche.

Lo primero que hacen los miembros de tu C.A., es prevenirte contra **ellos**. *Ellos*, son las personas que vendrán a visitar tu apartamento cuando no estés y que se darán cuenta de que has dejado cacerolas sucias en la cocina, que no has hecho tu cama o que hay cercos de suciedad en tu bañera. *Ellos*, son las personas con las que te cruzas cada día y te juzgan. Ellos, son tus compañeros de trabajo a los que tienes que impresionar para que no sepan que eres un impostor. En resumen, ellos, son todos los que te podrían juzgar de manera negativa.

Para que obedezcas, tu C.A. te pasa mensajes (las voces que a veces oyes en tu cabeza) y proyecta en tu pantalla gigante interna las consecuencias de lo que sucederá si no te doblegas a sus exigencias. Para reforzar su mensaje, utilizará por turnos el perfeccionismo, la inseguridad, la culpabilidad, la vergüenza y los IFO [3] (hablaré de este término más adelante).

Para poder controlarte mejor, tu C.A. se asegura de que no disfrutes demasiado de la vida. Si lo haces, seguramente dejarías de escucharle y tu sentimiento de seguridad crecería demasiado para su gusto. Los miembros de tu C.A. te animarán por ejemplo a llevar prendas de vestir usadas (las nuevas deben quedarse en el armario) o a reservar tu mejor vajilla para las ocasiones en las que tengas invitados. Como si necesitaras permiso para disfrutar de la vida.

Cuando quiere impresionarte, tu C.A. envía al miembro del consejo que más podría influirte en ese momento.

Esta es la razón por la que oirás a tu madre dándote clases de moral, a un profesor respetado recordarte un gran principio o a tu estrella preferida decirte que esa prenda de vestir no te va en absoluto.

Por último, los miembros de tu C.A. idean guiones y te los transmiten para tenerte bajo su yugo. Veamos algunos de estos famosos guiones.

El guión: «Sí, pero...».

Tu C.A. intenta seguir influyéndote por todos los medios y, para ello, debe moderar tu entusiasmo. Esta es la razón por la que, cada vez que se presenta un acontecimiento positivo, intenta reducir su impacto diciendo: «Sí, pero...».

3.   IFO, expresión sacada del francés «IL FAUT» = TENGO QUE... *(N. de la T.)*.

❖ Tu hijo vuelve de la escuela sintiéndose muy orgulloso de sus notas. Ha sacado una nota perfecta en matemáticas. Tendrías que alegrarte, pero un miembro de tu C.A. hace que veas que en historia no va tan bien.

❖ Te felicitan efusivamente por el trabajo que has hecho el mes pasado. Deberías apreciar ese momento, pero un miembro de tu C.A. te recuerda que has tenido mucha suerte y que hay escasas posibilidades de que tal hazaña se repita.

Curiosamente, tu C.A. actúa así para **protegerte**. Piensa que, seguramente, no se repetirá ese momento feliz y se concentra en mermar tu regocijo actual para minimizar tu decepción si las cosas no salen tan bien en el futuro. Intenta prevenirte de un fracaso potencial, diciéndote que tu proyecto es bastante interesante, pero que podría ir mal. Es como un padre que se negara a expresar el amor que siente por su hijo para prepararle ante un mal golpe del destino. ¿Qué pensarías de este tipo de padre?

En ocasiones, el «Sí, pero...» también puede servir para que te sientas menos culpable si tienes envidia de alguien. De esta manera, dirás: «¡Su vestido es bonito, pero qué corte de pelo tan horroroso!» O: «Es cierto que su nueva mujer es muy sexy, pero no es muy inteligente».

¿Los miembros de tu C.A. suelen utilizar el «Sí, pero...» en tu lugar? Tienes que saber que tú puedes hacer algo. Según los estatutos y leyes de tu consejo de administración interno, eres el presidente. Eres tú quien toma las decisiones, no lo olvides. Tienes derecho a poner límites a algunos de sus miembros y adoptar pautas que te permitan apreciar la vida.

EJEMPLOS

Poner límites
¿Hay algún profesor que hayas tenido que resida en tu comité y te diga que no mereces que te feliciten porque has tenido mucha suerte? Dile que se calle y aprovecha ese momento de tu vida. ¡Sí, sí, díselo, tú eres el presidente!

Las reglas
Aplica una regla a los miembros de tu C.A. que les impida de ahora en adelante utilizar las palabras «sí» y «pero» en una misma frase. «Sí, pero no tienes muy buena nota en historia» se convertiría en «¡Sí, y si mejoras también tu rendimiento en historia, la próxima vez sacarás una nota extraordinaria!». Observa hasta que punto la expresión «Sí, y...» te anima en lugar de apagar tu entusiasmo.

Sé un presidente eficaz
Asume totalmente tu función. Si un miembro de tu C.A. no lo admite, repréndele en el acto.

El guión: «¡Es terrible!».

A tu C.A. le gusta dar a entender que se aproxima una inminente catástrofe cuando algún acontecimiento imprevisto viene a desbaratar tus planes. Entonces proyecta, en tu pantalla gigante interna, imágenes dignas de las mejores películas de terror.

❖ Celina suele dejarle a Marcos mensajes en la puerta de la nevera porque empieza a trabajar antes que él. El mensaje de hoy es muy simple: «Me gustaría que habláramos esta noche». Marcos comienza a preguntarse de qué quiere hablar Celina. Después piensa que quizá quiera dejarle. Se acuerda de que hay un nuevo empleado en su oficina y empieza a imaginar que ella se ha enamorado de él. La desesperación se ampara de él y no puede hacer nada en todo el día. Su rendimiento en el trabajo es mediocre. Está a punto de hundirse. ¿Cómo reaccionará por la noche cuando Celina le diga que le gustaría celebrar el día de su aniversario en París?

❖ El jefe de Jaime le ha dicho esta mañana que quería verle un momento durante el día. Ahora son las dos de la tarde y Jaime todavía no se ha atrevido a presentarse en su despacho. Intenta descubrir por qué querrían despedirle. Siente una mezcla agridulce de amargura y de ira. ¡Si al menos supiera por qué su jefe está enfadado con él! En su mente, la voz de un antiguo compañero de clase le recuerda que nunca hará nada bien.

Los miembros de tu C.A. son especialmente eficaces cuando llega el momento de jugar a los pájaros de mal agüero. Conocen tus puntos débiles, tus errores pasados y tus peores temores. Disponen de medios técnicos potentes para crear efectos especiales convincentes en tu pantalla interna gigante. Pueden sumergirte fácilmente en un sentimiento de impotencia del que te sea difícil salir. Como presidente, tienes derecho a exigir que cada miembro de tu C.A. te dé pruebas que justifiquen su guión catastrófico. Si lo hicieran, Marcos y Jaime se darían cuenta de que se preocupan demasiado por nada y podrían seguir trabajando sin problemas. Más adelante veremos que hay varias técnicas que pueden ayudarte a reducir tu angustia cuando sientes temores infundados.

El guión: «Siempre llegas tarde».

Una mañana glacial de invierno, llegas tarde al trabajo. Inmediatamente, uno de los miembros de tu C.A. te dice que no le sorprende porque *siempre* te retrasas. No te tomas la molestia de restablecer los hechos y precisar que es tu primer retraso en dos años. Este miembro de tu consejo de administración se ha equivocado. Ha emitido una opinión general sobre tu comportamiento, basándose en un hecho anecdótico. Ha actuado de la misma manera que un cónyuge que te reprochara que siempre estás ausente porque, por una vez en seis meses, te has ido una noche con los amigos.

Cuando actúa así, tu C.A. te rebaja ante tus propios ojos. Hace que te sientas menos satisfecho y te empuja a minimizar la alegría que deberías sentir viviendo contigo mismo.

El guión: «Está muy claro que no querrá ayudarte».

Necesitas un poco de ayuda. Pero no quieres pedírsela a un compañero de trabajo; te da miedo de que se niegue. Te habría gustado que tu marido sacara la basura, pero no te has tomado la molestia de pedírselo porque has supuesto que lo tendría que haber adivinado.

Digan lo que digan los libros de magia o tu horóscopo diario, la telepatía no existe. Si quieres algo de alguien, tienes que **pedírselo**.

Tu C.A. intenta protegerte de una afrenta diciéndote que este compañero no querrá ayudarte. Pero si te tomas la molestia de *pedir* esta ayuda, tendrás un 50% de posibilidades de obtenerla.

Tu consejo de administración te transmite una visión idealizada de la pareja cuando te hace creer que tu cónyuge tiene que adivinar tus más mínimos deseos. ¿No sería más sencillo decir lo que quieres sin esperar que los que te rodean estén dotados de un sexto sentido?

En resumen, da una posibilidad al corredor de fondo. No decidas en su lugar. No es una buena idea no pedir por temor de que te digan que no.

❖ Es el aniversario de Eduardo y Blanca. Para complacerla, Eduardo invita a su novia a un restaurante libanés. Durante toda la noche, Blanca pone mala cara. Habría preferido ese nuevo restaurante francés que tanto le gusta. Si realmente la quisiera, Eduardo hubiera debido adivinarlo.

❖ Mientras que Juan Carlos está sobrecargado de trabajo, su compañero parece desocupado. Juan Carlos está furioso, pero bajo ningún concepto le pediría que hiciera algo. Después de todo, si su compañero apreciara su relación profesional, debería ofrecerse para ayudarle.

Podemos apostar que si Blanca y Juan Carlos hubieran verbalizado sus deseos, habrían podido verlos realizados

El guión: «Tu padre lo hubiera hecho mejor».

En este guión, uno de los miembros de tu C.A. se divierte comparándote con una persona que habría logrado hacer mejor algo o que habría sabido salir de una situación delicada mejor que tú.

Trataré este particular fenómeno en el capítulo 4. Por el momento, recuerda que si comparas tu prosa con la de un autor famoso, tu voz con la de un cantante elogiado en el mundo entero y tu gancho con el de un campeón mundial de boxeo, no saldrás ganando. El truco consiste en elegir con quien te comparas. ¿Por qué no comparar tu prosa con la de ese campeón de boxeo, tu voz con la del escritor y tu gancho con el de ese elogiado cantante? Si llegara el caso, tu consejo de administración debería formar parte de tu círculo de admiradores.

Muchas personas han desarrollado tal obsesión que no se sienten impulsados a compararse con otros más que en las áreas en las que son inferiores a ellos. Es verdad que podemos llegar a superarnos inspirándonos en aquellos que son mejores que nosotros, pero no hay que perder de vista aquellas cualidades que nos hacen únicos.

El guión: «¿Quién te dice que mañana no te encontrarás en la calle?».

La parte de tu cerebro donde habita tu consejo de administración no acaba de crearse. Es cierto que el cerebro ha evolucionado, pero esta parte ya existía hace varios milenios, en una época en la que los seres humanos debían cazar cada día para alimentarse. En una época en la que dejar de cazar significaba la muerte.

La sociedad ha evolucionado. Ya no vivimos en una economía de subsistencia. Pero los miembros de tu consejo de administración todavía no lo saben. Tienen la impresión de que si no te ensañas trabajando para ganar más, sucumbirás al hambre y a la enfermedad. Están convencidos de algo y no se lo quitarás de la cabeza: cuando no trabajas, flirteas peligrosamente con la muerte.

Por consiguiente, te comunican regularmente la importancia de implicarte en el trabajo. Para motivarte, proyectan en tu pantalla interior gigante escenas en las que se te ve como un sin techo, recorriendo las calles y comiendo en los centros de beneficencia. Estas imágenes te incitan a lanzarte al trabajo y a descuidar los demás aspectos de tu vida.

Sin embargo, dar prioridad al trabajo (y a acumular bienes) a expensas de otros aspectos de tu vida no es una solución acertada a largo plazo. Cuando te cansas, un miembro de tu C.A. no dudará en aconsejarte que compres algo (lo que sea) para subirte la moral, porque te lo mereces. Al cabo de cierto tiempo, te encontrarás con muchas cosas que no te hacen más feliz ni te evitan el cansancio, únicamente estarás **con más deudas**. Por tanto, no tienes más elección que trabajar todavía más. Trataré este guión en el capítulo 7.

❖ Hoy, Chantal ha decidido tomarse un descanso. Hacía tiempo que quería tener un día para leer. Incluso se ha comprado la última novela de su autor preferido. Pero hay algo que le impide apreciar ese momento de descanso. Teme decepcionar a sus clientes si se enteran de que no va a trabajar. Tiene miedo de que la abandonen y de que sus comisiones bajen, así que decide ir a trabajar por la tarde.

❖ Ángel se gana muy bien la vida, pero vive continuamente con el miedo a perderlo todo. Ayer, su hija de 17 años le dijo que quería estudiar ingeniería industrial. Para ello, tendrá que irse a vivir cinco años a otra ciudad. Ángel no quiere pagárselo y le contesta que debería elegir estudios que se puedan realizar en el colegio de enseñanza profesional local o, todavía mejor, ser adulta y encontrar un trabajo.

CLAVE N.º 2

El **sentido de la responsabilidad** constituye la segunda clave de la resiliencia. Como presidente de tu consejo de administración, eres responsable de la actuación de los miembros de tu C.A. interno y de lo que haces cuando han intervenido. Tienes que tomar el control de este grupo que se cree con derecho a todo desde hace ya demasiado tiempo. ¡Ser un poco el que manda, que diablo! Te propongo dos caminos para llegar a eso: convertirte en **crítico cinematográfico** o en **abogado defensor**.

Conviértete en crítico cinematográfico

¿Cómo reaccionas cuando vas al cine y ves una película absurda con un guión cogido por los pelos? A menudo, desconectas; incluso si se trata de una película de suspense o de terror, miras todo de manera distraída. El director no ha conseguido transmitir la emoción que quería. Según tú, no es una buena película.

Puedes hacer lo mismo criticando las películas que se proyectan en tu pantalla interior gigante. ¿Cómo? Veamos otra vez el caso de Marcos que acaba de descubrir el mensaje que su novia Celina le ha dejado en la puerta de la nevera. Recuerda: Marcos percibe en su pantalla gigante personal una escena en la que Celina está en los brazos de su nuevo compañero de trabajo y ésta le cuenta, entre dos besos apasionados, que va a romper con Marcos esa noche.

Conclusiones posibles de la película proyectada	%	Nuevos guiones previstos	Acciones posibles para reducir la incertidumbre
Celina quiere dejarme para irse con su nuevo compañero de trabajo			

Al principio, Marcos dibuja en una hoja una tabla parecida a ésta. Comienza por escribir, en la parte superior de la primera columna, la posible conclusión del drama que se proyecta en ese momento en su pantalla interior gigante.

Después, en un segundo momento, Marcos se pregunta si puede haber otra explicación para el mensaje dejado en la puerta de la nevera. Escribe esas otras explicaciones después de la que acaba de poner en la primera columna. También podría poner las conclusiones siguientes, por ejemplo:

◆ Celina quiere que establezcamos unas fechas límite para renovar la casa.
◆ A Celina le gustaría que planificáramos un fin de semana en las Canarias.
◆ Celina quiere hablarme de lo que le ha contado el profesor de Julia.

En este momento, el nivel de angustia de Marcos está disminuyendo porque admite, internamente, que el guión proyectado en su pantalla gigante interior no es el único guión posible.

Ahora, tiene que completar la segunda columna evaluando, para cada conclusión posible, la probabilidad de que se produzca. Para ello, tiene que analizar los hechos de los que dispone: la calidad de su relación este último tiempo, los deseos expresados por Celina en las semanas anteriores, la frecuencia de sus relaciones sexuales, las discusiones que han tenido los últimos días. Mientras hace este trabajo, pueden venir a su mente nuevas posibilidades. En ese caso, las pondría en la primera columna.

Es probable que después de esta etapa, otorgue una escasa probabilidad a la primera conclusión que había imaginado. Realmente es raro que el guión catástrofe sea el más probable. Con esto se sentirá ya más aliviado.

Para completar la tercera columna, Marcos se imagina que es el guionista y que le han dado la responsabilidad de encontrar un giro excepcional al guión actual. No tiene que censurar sus ideas. Tiene que encontrar dos o tres desenlaces felices.

◆ Celina quiere anunciarme que por fin está embarazada.

◆ Celina desea comunicarme que nos ha tocado la lotería.

◆ Celina quiere decirme que el profesor de Julia ha notado una gran mejoría en las últimas semanas.

Observa que estos nuevos desenlaces no son necesariamente más realistas que el guión catástrofe. El hecho de producirlos tiene por objetivo simplemente demostrarle a Marcos que, a veces, tenemos una imaginación desbocada.

Por último, Marcos debe escribir en la cuarta columna las posibles acciones que podrían hacer que disminuya la incertidumbre que siente actualmente. ¿Qué puede hacer para saber lo que Celina quiere decirle antes de que llegue la noche? Es probable que ponga: «telefonear a Celina al trabajo y preguntarle de qué se trata». Si lo hace, podrá pasar un buen día y poner término a la película de terror que proyecta en su pantalla interna gigante.

Estos pasos te permiten intervenir cada vez que tu imaginación se acelere incitándote a desarrollar guiones catástrofe. ¿No vale más la pena detenerse un momento y liberar la mente que volver a pasar durante todo un día o una semana las mismas escenas desgarradoras?

Haz de abogado defensor

Mientras juegas a los críticos de cine para combatir los efectos negativos de las películas de terror que te proyectas en privado, tienes que transformarte en abogado defensor para reaccionar ante un miembro de tu consejo de administración que te haga reproches. Para ello, presentaré varias técnicas en los capítulos siguientes. Mientras tanto, voy a compartir contigo algunas estrategias clásicas.

- *Duda de la credibilidad de la persona que te acusa.* Intenta observar **cual es la voz** que oyes cuando sientes el reproche. Por ejemplo, ¿es la voz de tu madre acusándote de no escuchar a tu cónyuge? ¿Y dejas que te hable así? ¡Un momento! ¿Quién es ella para hacerte ese tipo de reproche? ¿Te ha escuchado siempre cuando querías hablarle? Su opinión quizá no sea válida en este contexto.
- *Informa de que eres consciente del guión utilizado contra ti.* Si puedes **reconocer** ese guión, tendrá mucho menos efecto sobre ti. ¿Se trata del guión «Sí, pero...» o «¡Es terrible!» o «Siempre llegas tarde», o de cualquier otra táctica desleal que encuentres en los capítulos siguientes? Sabes que el

objetivo de estas tácticas es únicamente desestabilizarte. Si puedes reconocerlas, te afectarán menos.

- *Exige nuevas pruebas.* En algunos casos, es fácil demostrar que tu C.A. se equivoca. Cuando pasa a las conclusiones sin tener pruebas o cuando generaliza a partir de un único acontecimiento, simplemente puedes advertirle de que no hay nada que demuestre la validez de tal o cual pensamiento y que tienes que rechazarlo.

❖ Brian no ha estado a la altura durante su presentación y su C.A. se lo ha hecho sentir. Reacciona preguntándose cuántas veces se ha producido esta situación a lo largo de sus veinte últimas presentaciones. Una sola vez. Por tanto, Brian no es tan malo.

Tú también puedes formular un contraejemplo que cierre el pico a ese miembro del consejo: «No, yo no llego *siempre* tarde. La prueba es que me presenté 15 minutos antes ayer en casa de este cliente y que tuve tiempo, mientras esperaba en el coche, de revisar mis extractos bancarios». Recuerda que la falta de realismo es la causa de la mayoría de los ataques de tu C.A. interno. Si exiges pruebas de lo que esas voces te dicen, evitarás transformarte en una víctima. No les dejes que te adjudiquen errores que no has cometido; sobre todo, no dejes jamás que **generalicen.**

- *Exige pruebas.* ¿Hay una voz interna que te da a entender que muy pronto estarás sin un duro si te tomas un día de descanso? ¿Le gustaría mucho que te sintieras culpable y que te lanzaras en cuerpo y alma a una actividad lucrativa? Recuerda esta respuesta y sírvesela en el momento oportuno: «Una vida lograda exige equilibrio. Poner toda la energía en el trabajo no es estar equilibrado».

Cada vez que puedas invocar una tercera fuente cuyas palabras vayan en el sentido que deseas, estarás en condiciones de disminuir el potencial destructivo de tu C.A. interno.

Como presidente, tienes el deber de asegurarte que este C.A. trabaja **para ti** y defiende tus intereses con todas sus fuerzas. Mantén pensamientos optimistas, felicítate por tus resultados y aprende a aceptar los cumplidos que te hacen las personas que te rodean. Vivirás mejor.

La vida te reserva toneladas de momentos difíciles. No necesitas que tu C.A. tome partido por tus adversarios. Vuelve a tomar el control de ese consejo y oblígale a convertirse en tu mejor aliado.

3

No cargues con demasiadas cosas

Tienes que tomar conciencia de lo que te apetece oír, que no siempre es lo que los demás quieren decirte.

CATHERINE BENSAID

*L*os que conocen la historia de Canadá saben que ha habido ocho mártires canadienses: Jean de Brébeuf, Gabriel Lalemant, Charles Garnier, Antoine Daniel, Noël Chabanel, Isaac Jogues, René Goupil y Jean de La Lande.

A estos misioneros les arrancaron el cuero cabelludo y las uñas. Les clavaron tizones en las órbitas oculares y tuvieron que andar sobre brasas ardientes.

Es difícil pensar que algunas personas les envidien. Sin embargo, da la impresión de que hay mucha gente a la que le gustaría mucho jugar a ser mártires algún día. De hecho, ya representan ese papel día tras día.

Seguramente conoces a algunos de esos mártires. Andan todo el día con la mano en la cabeza, diciendo sin cesar a quienes quieran oírlos que «es terrible», «que nunca se ha visto eso» y que «probablemente todo irá a peor». Podría decirse que esas personas se sienten valoradas cuando pueden sugerir que sufren más que los demás y que su abnegación les impulsa a descuidar sus propias necesidades para satisfacer los caprichos de personas ingratas que, de todas maneras, no se dan cuenta de lo que se hace por ellas.

¿Tienes la impresión de que los demás abusan de tu abnegación? ¿Crees que tu vida es especialmente difícil? ¿Acostumbras a decirte por la mañana, mientras suspiras, que será una larga jornada? Si es así, este capítulo es para ti.

Veamos algunos ejemplos de los efectos que produce en los demás la gente que acostumbra a considerarse una víctima.

❖ Chantal: «Ya no voy a casa de mi madre. Cada vez que iba, nos daba a entender que éramos una carga para ella. Tenía que arreglar la casa, preparar la comida… y cuando le proponía ayudarla, siempre tenía algo que objetar. Prefiere sufrir en público. He decidido dejarla que sufra sola. Desde entonces, me llama para que me sienta culpable por no visitarla».

❖ Lucas: «Pilar es muy competente. Pero ya no la soporto. Es incapaz de decir no, si se le pide algo. Normalmente, se siente obligada a hacer horas extraordinarias y se las arregla para que todo el mundo esté al corriente. Le he dicho que tiene que aprender a decir no, pero creo que prefiere que los demás sientan lástima por ella».

¿Te gusta que sientan lástima por ti? ¿Te sientes más valorado así? Si te empeñas en perpetuar ese estado anímico, muy pronto te encontrarás atrapado en **un sentimiento de impotencia y aislamiento.** Ya es hora de que aprendas a diferenciar entre tus obligaciones reales y las que te impones por masoquismo.

El síndrome IFO[4]

Si tienes tendencia a imponerte obligaciones que no son tuyas, padeces un síndrome IFO. Cuando se produce esto, un miembro de tu consejo interno de administración te repite que «tienes que» visitar a tus padres el fin de semana incluso si realmente te apetece hacer otra cosa y que «tienes que» sonreír a ese cliente incluso si es la persona más desagradable que has conocido en tu vida. A fuerza de imponerte esos IFO (esas obligaciones), **pierdes el gusto por la vida.** Te conviertes en un mártir a tus propios ojos y un auténtico pesado a los ojos de los que te rodean.

Volvamos un poco a tu pasado. Cuando eras joven, ¿acostumbraban tus padres a darte órdenes transmitiéndote un sentimiento de obligación? Veamos algunos ejemplos.

◆ Una buena niña no sonríe a desconocidos.
◆ Una buena niña deja su habitación ordenada.
◆ Un buen niño debe pedir permiso antes de hablar.
◆ Un buen niño respeta la autoridad.

Tomemos este último enunciado. Si tus padres te lo han grabado en el cerebro, te sentirás culpable si faltas el respeto a la autoridad. ¿Esto quiere decir que vas a obedecer ciegamente a un jefe incompetente porque esa persona que detenta la autoridad ocupa un puesto más importante en la empresa? ¿Quiere decir que vas a dejar que alguien que tenga un puesto de mando abuse

---

4.   IFO = IL FAUT = TENGO QUE..., supone una obligación impuesta o heredada *(N. de la T.).*

de ti incluso se trata de un imbécil o de un enfermo? Hay gente imbécil y también hay gente enferma. El hecho de escucharles ciegamente puede ser peligroso. El IFO «TENGO QUE» que te han inculcado tus padres no te conduce a nada en ese caso.

Con el tiempo, has integrado esas «órdenes». Se han convertido en leyes que te niegas a transgredir, transformándote actualmente en una víctima. ¿Has participado alguna vez en una huelga de celo? Si lo has hecho, seguramente habrás observado que la mejor manera de hacer que una organización sea vulnerable, consiste en seguir sus reglamentos al pie de la letra. Asimismo, la menor manera de arruinar tu vida, es seguir ciegamente las reglas que anteriormente te han impuesto.

Lo que realmente deseaban tus padres cuando te enseñaban todo esto, era poder **controlar mejor lo que hacías y lo que pensabas.** Deseaban que te acercaras lo más posible a la imagen que se hacían de un buen niño y, para llegar a ello te inculcaban verdades sin matices de la manera más eficaz, dándote a entender que lo que no era bueno, era forzosamente malo y que el que no escuchaba lo que se le decía era, seguro, un niño malo.

¡El problema es que el mundo no es negro ni blanco! El IFO (la obligación impuesta, el TENGO QUE) que te han metido en la cabeza no tiene por qué aplicarse a la situación actual. De hecho, mientras continúes obedeciendo mecánicamente esos TENGO QUE..., corres ciertos riesgos.

- *Te arriesgas a sentirte culpable a menudo,* porque has aplicado mecánicamente el IFO (TENGO

QUE) a una situación que no se presta a ello, o porque no lo has hecho.

- *Te arriesgas a estar furioso* cuando haya personas en tu entorno que no compartan tus «TENGO QUE». Por ejemplo, si te han inculcado la idea de que la adulación no lleva a nada y un compañero de trabajo asciende a un puesto que tú deseas porque él felicita normalmente al jefe, seguramente le detestes cuando puede que sólo esté haciendo esfuerzos para que la dirección le tenga en cuenta y le aprecie.

- *Te arriesgas a estar resentido* con las personas a las que ayudas, incluso si éstas no se lo merecen, simplemente porque el síndrome del «TENGO QUE» te ha impulsado a hacer algo contra tu voluntad. Por ejemplo, si te has dicho: «Tengo que ayudar a mi hermano cuando lo necesite», y no tienes ganas de hacerlo, puedes sentir mucha negatividad respecto a él.

- *Te arriesgas a quedarte solo,* porque a nadie le gusta estar con un mártir y verle sufrir día tras día cuando no es necesario.

Esto no quiere decir que tienes que hacer borrón y cuenta nueva de los principios que pueden ayudarte a tomar decisiones diariamente. Más bien sigue los siguientes consejos.

Aprende a reconocer los IFO (TENGO QUE)

Si te sientes culpable tras haber tomado una decisión o lamentas algo que has hecho, pregúntate lo que ha originado esta decisión o eso que has hecho. Si se trata de una ley no escrita (que te han pedido que integres y que obedezcas, pero que no puede aplicarse en todas las situaciones) que has respetado y que no debería haberse aplicado en esas circunstancias, toma nota de ello y prométete no aplicarla ciegamente nunca más.

Si te estás furioso porque has hecho algo que no tenías ganas de hacer en absoluto, pregúntate si hay algún «TENGO QUE» que te haya empujado a ello.

❖ Los hijos de Daniela iban siempre a su casa en Navidad y se quedaban durante tres días. Ella preparaba las comidas con antelación, pero era evidente que esos tres días eran los días del año en los que más actividad tenía y no dejaba que nadie la ayudara. Las OBLIGACIONES que dictaban su conducta podrían definirse así: «Una buena madre hace todo lo que puede para que sus hijos sean felices y la cena de Nochebuena debe prepararla el ama de casa». Pero, si el periodo de fiestas la cansa y la pone de mal humor ¿para qué sirve respetar este «TENGO QUE»?

Haz la lista de los IFO (obligaciones impuestas) a que te sometes con más frecuencia y aprende a reconocer las situaciones en las que obedeces ciegamente. Veamos algunos ejemplos.

❖ Ricardo: «Me doy cuenta que el IFO que más me ha minado durante estos últimos años, es que tengo que ayudar obligatoriamente a mis semejantes. Tengo un hermano con problemas de juego y cada vez que los agentes judiciales se presentan, le doy algo de dinero. Al día siguiente, vuelve a jugar. En el fondo, no le estoy ayudando; soy cómplice de su desgracia».

❖ Ana: «Durante años, mi IFO era que una buena esposa debe obedecer. Mi marido me pegaba. Me echaba broncas. Y yo, lo soportaba. Nunca me he sentido tan bien como cuando decidí que eso no tenía razón de ser».

Cuestiona los IFO (TENGO QUE...) según el contexto

Las situaciones cambian y los principios por los que nos guiamos también deben cambiar. A menudo basta con volver a definir una situación o con tomar un poco de distancia para tener conciencia de que el IFO que tenemos en la cabeza no se aplica a la situación.

Eso es lo que hizo Daniela. Volvió a definir el periodo de fiestas que pasó de «periodo en el que los padres reciben a sus hijos sin dejarles hacer nada que contribuya a la preparación de ese evento» a «periodo en el que nos vemos para ponernos al día, disfrutar y en el que cualquier ayuda es bienvenida». De golpe, se sintió liberada de todo lo que se había impuesto hasta ese momento.

❖ Este año, la Noche Buena se celebrará en casa de uno de los hijos de Daniela. Eso no quiere decir que éste deberá preparar la cena, no. Daniela ha pedido la comida a un restaurante. Podrá pasar la velada con sus hijos y disfrutar en lugar de protestar interiormente.

Los grandes principios emitidos por la religión también son IFOS. «Haz a los demás lo que quisieras que te hicieran a ti». «Aprende a poner la otra mejilla». «Ayuda a tu prójimo». Estos principios deberían guiarnos para ejercitarnos en la virtud, pero no deben seguirse mecánicamente al pie de la letra sin tener en cuenta el contexto. Algunas personas merecen que se las castigue. Otras merecen que se las denuncie y no que se ponga la otra mejilla. Tampoco tienes que ayudar a todo el mundo a costa de tus familiares. ¡Vuelve a poner las cosas en su contexto!

Pregúntate de dónde provienen estos IFO «TENGO QUE»

¿Quién te ha dicho tan a menudo «tienes que hacer esto», «tienes que pensar en esto»? ¿Qué credibilidad atribuyes a la persona que te ha inculcado este IFO? ¿Posee la credibilidad necesaria para que tengas fe en lo que te ha dicho? Voy a aprovechar para advertirte de dos cosas.

Primero, no creas que las afirmaciones de los demás tienen que ser totalmente válidas. Hay personas que no saben de lo que hablan y a las que no hay que prestar oídos. ¿Por qué aceptar lo que dicen como si de verdades absolutas se tratara? Segundo, no porque alguien sea considerado competente en su sector tenemos que creerle por fuerza cuando da opiniones sobre temas que no conoce bien.

❖ Desde que nació su primer hijo, Manuel se siente acosada por su madre porque no para de decirle cómo tiene que ocuparse de su bebé, cómo tiene que alimentarle, etc. Hasta ayer mismo, se sometía a sus sugerencias, pero ayer por la tarde recordó hasta qué punto había sufrido ella cuando era una niña a causa del comportamiento de su madre. «¿Por qué voy a escuchar los consejos de una mala madre?» se preguntó entonces. De repente, esas recomendaciones perdieron su poder sobre ella.

❖ Salvador es un nuevo vendedor en Muebles Transacción. Hasta la semana pasada, intentaba aplicar las consignas de un compañero que tenía más de 10 años de experiencia. Pero cuando despidieron a ese vendedor por no rendir lo suficiente, Salvador se dijo que quizá se había equivocado confiando tanto en él.

El que una persona se esfuerce por convencerte no le da la razón. No te dejes manipular, ten tus propias opiniones.

Niégate a representar el papel de mártir

Aprende a negarte a las exigencias que representen una sobrecarga de trabajo en tu empleo. Tampoco te sientas obligado de hacer todo tú mismo en casa. Puedes delegar en otras personas una parte de lo que hay que hacer, tanto en el trabajo como en casa. Tienes derecho a pedir ayuda. Si lo haces, te darás cuenta de que los demás serán más amigables. A nadie le gusta tratar con un mártir. A menudo, eso les hace sentirse culpables. Aceptando su ayuda, les permites que contribuyan y les valoras. Además, al cargar con menos cosas, estarás menos frustrado y podrás apreciar mejor también a los que te rodean.

La búsqueda de la perfección... y cómo deshacerse de ella

Además del respeto a la autoridad, hay un IFO (obligación) que te han inculcado hasta la saciedad cuando eras niño y es la importancia de ser perfecto. En la escuela siempre mostraban a toda la clase la caligrafía mejor hecha. El miembro de la familia que tenía su habitación más limpia servía de ejemplo para los demás. Los padres se sentían en la obligación de presentar al adolescente el retrato robot del amigo ideal. Aspirar a la perfección era un modo de vida.

Algunas personas integran estos mensajes diciéndose que está bien rendir más e intentar superarse. Otros acaban comprendiendo que todo lo que no es perfecto no es aceptable. El problema es que la perfección **no existe**. A fuerza de pretenderla, perdemos nuestra energía, nuestra estima personal y el respeto de los demás.

❖ Vero es madre de familia, una profesional de las finanzas y la compañera de Ramón. Como quiere ser perfecta en todo, no le da tiempo en las 24 horas del día para ser excelente en su trabajo, tener su casa resplandeciente, proporcionar un entorno favorable y tranquilo a su hijo y tener suficiente energía para mantener el deseo de Ramón. Cuando es menos perfecta en algunos de esos aspectos, Vero se deprime. Un día se dio cuenta de que su hijo había ido a la escuela con manchas en su pantalón. Inmediatamente, sintió que había fracasado.

❖ Luis tenía que redactar un texto para dar las gracias a un donante de la fundación universitaria de la que es responsable. Hizo un primer texto que tiró al día siguiente porque no le convencía. En los días siguientes escribió, pulió y volvió a pulir cada párrafo. Finalmente envió el texto tarde y los agradecimientos no aparecieron en el programa destinado al homenaje. Su jefe estaba que ardía.

Nadie está obligado a lo imposible. Los que mantienen mentalmente el mantra «TENGO QUE ser perfecto» van por mal camino. ¿Padeces este «TENGO QUE»? Las preguntas siguientes te ayudarán a pensar en ello.

- *¿Entregas a menudo tus trabajos tarde?* Si la respuesta es sí, ¿lo haces porque no llegas a estar satisfecho con tus resultados y te niegas a entregar un trabajo que, a tus ojos, se sitúa por debajo de un determinado nivel de calidad?
- *¿Puedes dormir sabiendo que no has arreglado la casa?* ¿Temes que cuando un ladrón venga a robarte se sienta asqueado al darse cuenta de que hay un vaso sucio en la pila y que vaya a contárselo al telediario?
- *¿Te niegas a lanzarte en un proyecto si sabes que tus resultados no serán perfectos?* ¿Acostumbras a decir que si no es perfecto, no lo harás?

❖ Isabel siempre ha soñado con dibujar. Hojea con frecuencia libros con obras de grandes artistas. El año pasado compró el material necesario y se apuntó a un curso de dibujo. Tras la primera clase abandonó cuando se dio cuenta de que su primera obra nunca tendría el mismo valor que las obras que veía en sus libros.

❖ A Pedro acaban de contratarle en una empresa. Le gustaría organizar una velada temática para romper el hielo con sus nuevos compañeros de trabajo. Pero no está listo para hacerla ahora. La hará cuando esté convencido de que tiene el mejor buffet, el mejor animador y la mejor orquesta. Mientras tanto, se queda en su rincón.

❖ María-Chantal está soltera. No es que los hombres no se interesen en ella, al contrario. Pero María-Chantal no se decide a dar una oportunidad a un candidato que no corresponda a su perfil ideal. Éste deberá tener como mínimo un metro noventa de estatura y rasgos finos. No tiene que ser peludo. Tendrá dinero y conducirá un coche deportivo lujoso (un descapotable sería ideal). Por último, deberá hablar al menos tres idiomas. Mientras espera la llegada de ese príncipe encantador, María-Chantal mira por encima del hombro a todos los que se la acercan. Sin duda, seguirá soltera durante mucho tiempo.

¿Qué pasa cuando te niegas a comprometerte en un proyecto porque sabes que tu trabajo no será perfecto? Empobreces tu vida y te niegas a aprender. Isabel nunca sabrá dibujar porque se niega a comenzar con el ABC del arte. Pedro nunca organizará esa velada porque nunca estará seguro de que sea perfecta. Maria-Chantal, incluso si el hombre de sus sueños la aborda un día, no habrá desarrollado las habilidades interpersonales necesarias para garantizar la perennidad de una relación amorosa.

La vida es un largo aprendizaje. El ser humano aprende de sus logros y de sus fracasos. Si nunca intentas conocer tanto a unos como a otros, has elegido dejar de crecer. Por el contrario, si deseas luchar contra el «TENGO QUE ser perfecto», sigue alguno de los consejos siguientes.

1. Descubre las normas de calidad de los demás

No todas las personas trabajan con los mismos criterios cuando llega el momento de evaluar la calidad de un trabajo. Si te atormenta obsesivamente la perfección, es probable que tus propios criterios superen considerablemente los de las personas que te rodean.

Intenta descubrir lo que constituye un trabajo bien hecho para las personas de tu entorno. Si eres estudiante, lee algún trabajo que haya obtenido un 99% con el profesor y pregúntate qué nota le habrías dado tú. Si respondes que un 62%, ya puedes darte cuenta de que tus expectativas son exageradas. Si estás en el trabajo, también puedes preguntar a tu jefe si te permite echar una ojeada al tipo de informe que prefiere recibir.

Te darás cuenta de que las personas se sienten satisfechas con mucho menos de lo que tú te impones. Lo que se te pide es que alcances cierto nivel. Si te empeñas en hacer más, lo harás en detrimento de otros aspectos de tu trabajo o de tu vida.

2. Conviértete en un aficionado al deporte

A los aficionados empedernidos al deporte les gustan mucho las estadísticas. Es divertido oírles hablar de sus jugadores favoritos. Si te prestas a hacer este ejercicio, observarás rápidamente que los jugadores que han pasado a la historia no eran perfectos. Los jugadores de béisbol que más carreras tienen tienen a menudo una cantidad de eliminaciones impresionante.

¿Por qué han pasado a la historia? Es muy sencillo: se presentaban en la base de bateo y lo hacían lo mejor posible. No se quedaban en casa lamentándose que no valía la pena ir a jugar si no estaban seguros de batear un cuadrangular cada vez que aparecían en el «home».

3. Libérate algunos días de las tareas caseras

Decide algún sábado jugar con tus hijos o leer un buen libro en lugar de lanzarte a las faenas caseras. No hagas las camas. Deja la vajilla para el final del día. Deja que desborde el cesto de ropa sucia y sonríe. Todo el día.

Dile a tu hijo que se prepare él mismo su piscolabis. Mira cómo lo hace cuando deja torpemente mantequilla en la mesa sin darse cuenta. No intervengas si ha envuelto mal su bocadillo. Sigue tranquila incluso si la cocina está desordenada durante 20 o 30 minutos.

4. Lánzate a realizar proyectos

La lectura de esta sección quizá te haya recordado algunos proyectos que te interesan, pero que has aplazado hasta ahora porque temes no llevarlos a cabo a la perfección. Haz una lista y elige uno al azar. Después, lánzate y esfuérzate por disfrutar. El resultado no será perfecto, pero habrás aprendido. Te habrás divertido. Y estarás en condiciones de acercarte más a la perfección la vez siguiente.

CLAVE N.º 3

El **discernimiento** es la tercera clave de la resiliencia. Desarrollar el discernimiento es adquirir una cierta independencia porque si estamos en condiciones de valorar por nosotros mismos la situación actual, no tenemos por qué respetar los IFO (TENGO QUE) que nos han introducido a la fuerza desde que nacimos.

El discernimiento también lleva a la serenidad porque nos permite sentirnos orgullosos de nuestro rendimiento y de nuestros resultados incluso si podemos mejorarlos. Más concretamente, esta clave nos permite determinar *cómo* podríamos hacerlo cada vez mejor.

El discernimiento te permite alejarte de la comodidad de estar entre algodones cuando actúas automáticamente y te hace ser capaz de decidir lo que quieres hacer. Veamos cómo puedes desarrollarlo.

Libérate de falsas obligaciones

Cada vez que se presente una situación y te sorprendas diciendo IFO («Tendría que...» «Un buen niño haría...» «Una buena niña no hace eso...» «Para ser un buen empleado, tengo que...») corta rápido este pensamiento y sustitúyelo por la pregunta siguiente:

> **¿Teniendo en cuenta las circunstancias, cuál sería la mejor decisión?**

Haz una lista de las opciones que tienes en ese momento. Sospesa los pros y los contras. Pregúntate cuáles serán las consecuencias de cada opción. Ten en cuenta factores agravantes o atenuantes y toma después una decisión.

❖ Álvaro tenía que irse de vacaciones al día siguiente cuando dos de sus compañeros de trabajo le dijeron que esperaban que se ausentara para entregar su dimisión y poner en apuros a su jefa. De pronto, pensó en anular sus vacaciones. Su IFO era el siguiente: un buen empleado no abandona a su jefe cuando las cosas van mal.

Pero en lugar de sucumbir a su IFO, Álvaro hizo la lista de opciones que tenía en ese momento. Es cierto que podía anular su viaje, pero también podía advertir a su jefa. Eso fue lo que hizo y ésta le sugirió que cogiera sus vacaciones como si no pasara nada, prometiéndole que la empresa estaría allí cuando él volviera. Cuando volvió, no sólo seguía todavía allí la empresa, sino que los dos empleados en cuestión no habían dimitido.

Cuando sientas que estás a punto de jugar el papel de mártir, detente un momento y plantéate las siguientes cuestiones. ¿Quién desea que me imponga todo este trabajo? ¿Los demás o yo? ¿Me estoy cargando demasiado peso a la espalda? ¿Por qué necesito ver que los demás se sienten culpables respecto a mí? Luego decide conscientemente si este comportamiento es pertinente. Decide continuar con él o pasar a otra cosa. Atraer la piedad de los demás no es la mejor manera de afirmarse.

Cuando observas que tu IFO perfeccionista cobra demasiada importancia, haz una pausa y evalúalo. ¿Qué se espera de ti? ¿Te impones criterios superiores a las expectativas? ¿Esto puede afectar a tu rendimiento? Elige después lo que harás según tu situación particular y no porque quieras ser perfecto.

Esto no quiere decir que te anime a tener un rendimiento mediocre. Nada más lejos de eso. El ser humano necesita superarse. Es normal que cada vez quieras hacer las cosas mejor y esta necesidad de mejorar, además de hacer que te sientas más orgulloso de ti mismo, te impulsa a actuar. Pero cuando dices que tienes que ser perfecto o nada de nada, caes en el inmovilismo.

A los demás también les influye

Hacer prueba de discernimiento te también permitirá tomar conciencia de los IFO que impulsan **a los que te rodean**. Te darás cuenta de que algunos de sus IFO, más que ayudarles, les perjudican. ¿Tienes que decírselo?

Aquí también es tu propio discernimiento el que te ayudará a decidir. Algunas personas temen salir de la zona de confort garantizada por los IFO porque, si tomaran sus propias decisiones en lugar de seguir a ciegas lo que se les ha ordenado hacer, deberían asumir la responsabilidad tanto de sus fracasos como de sus éxitos. Estas personas no están preparadas para ser responsables. Si intentas hacer que se replanteen su comportamiento, se volverán agresivas e intentarán huir de ti. Por el contrario, otras te estarán muy agradecidas.

El hecho de no decir nada no quiere decir que estés de acuerdo con los «TENGO QUE» de la otra persona. Simplemente quiere decir que piensas que es mejor no intervenir para preservar la calidad de tu relación con ella.

Por último, utilizar el discernimiento para tomar decisiones es **tomar el control de tu vida.** Es aspirar al papel principal de tu existencia más que hacer de comparsa. Es elegir estar al volante más que ocupar el asiento del pasajero.

4

No te lo tomes de modo personal

*Mi vida era muy pequeña; pero era una vida,
es decir, el centro de las cosas, el centro
del mundo.*

ANATOLE FRANCE

*Alguien pesado es un tipo que habla sin parar
de él cuando yo tengo unas ganas irresistibles
de hablar de mí.*

SACHA GUITRY

Una buena mañana, te das cuenta de que tienes un grano en la cara y te imaginas que *todo el mundo* lo va a notar durante todo el día. Piensas lo mismo cuando ves una mancha de salsa en tu corbata o en tu camisa. Tienes razón: después de todo, ¿qué haría la gente de su vida si no pudieran contemplar tu grano o tu mancha?

Si un amigo te dice que ese vestido te va muy bien, ¿piensas que el restos de tus vestidos son feos? Si te invitan a cenar en un restaurante vegetariano, ¿piensas que te encuentran gordo y que se trata de un mensaje para animarte a mejorar tu alimentación? Si alguien menciona el excelente trabajo de uno de tus compañeros, ¿piensas que tu trabajo es ordinario o una nulidad? Si alguien se ríe cuando te cruzas con él, ¿piensas que se ríe de ti?

La personalización

La **personalización** es la costumbre de hacerse responsable de lo que pasa. La gente que personaliza está equipada con un radar que sólo percibe, en los gestos y en las palabras de los demás, elementos que la rebajan o que disminuyen su valor personal. Esta manera de ver las cosas y de pensar produce ira o depresión.

❖ Esta mañana, el jefe de Mireia, pide que todos los empleados le presten atención y les explica que las ventas del trimestre son inferiores a las del trimestre pasado, subrayando que algunos vendedores tienen que dejar de arrastrarse por el suelo. A pesar de que hay ocho personas más en el departamento de ventas, Mireia se siente inmediatamente aludida. No hay duda, el jefe habla de ella. Por suerte, es bastante delicado para no nombrarla y humillarla ante sus compañeros de trabajo. De todas maneras, esto la deprime. ¿Tiene las cualidades necesarias para trabajar en la venta? Quizá la contrataron por error, un error que ahora paga la empresa con la caída de sus ventas. Mireia comienza ya a pensar que debería cambiar de trabajo.

En este ejemplo, Mireia se siente deprimida. La personalización también habría podido manifestarse con un ataque de ira: «¿Cómo se atreve a decir que mis cifras bajan? Si nuestro producto ofreciera una mejor relación calidad-precio, sería más fácil venderlo. Antes de atacarme, debería mirarse el ombligo. ¡A veces me pregunto si se merece que trabaje para él!»

Depresión e ira son dos emociones desagradables; la primera proviene de la impresión de que no vales gran cosa, la segunda, de que te han engañado. Estas son las emociones que sienten con mayor frecuencia los que muestran tendencia a la personalización. ¿Tenía otras opciones Mireia? Sí. Veamos lo que habría podido hacer **incluso si se sentía personalmente aludida** por las palabras de su jefe.

- *Habría podido comprobar su rendimiento real* puesto que puede acceder a sus estadísticas de venta. Si hubiera hecho esto, se habría dado cuenta de que sus ventas habían subido y que la observación del jefe difícilmente podía referirse a ella.

- *Habría podido pedir a su jefe, en privado, que fuera más específico,* es decir que nombrara al miembro de su equipo al que aludía. De esta manera, habría podido confirmar que el problema no la concernía.

- *Habría podido acordarse de que su jefe acostumbra a hacer ese tipo de comentarios a su equipo cuando está un poco cansado;* entonces habría comprendido que eso no tenía nada que ver con el rendimiento real del grupo. Sería su manera (poco eficaz, es verdad, pero su manera igualmente) de animar a su equipo.

Existen siempre **varias interpretaciones posibles** de las palabras o gestos de una persona. La personalización tiene consecuencias nefastas.

- *La personalización es hiriente* porque seguro que eliges la interpretación que te hace más daño, igual que hizo Mireia cuando oyó hablar a su jefe de las cifras de ventas.

- *La personalización te aísla* porque, mientras te enfadas o te sientes culpable, pierdes la capacidad de entrar en contacto con las personas que, involuntariamente, te han herido.
- *La personalización mina tu energía.* Mantener sentimientos de ira y de culpabilidad exige una energía que habrías podido utilizar para otra cosa, por ejemplo para perseguir tus objetivos o expandir tu red personal de contactos.
- *La personalización reduce tu nivel de resiliencia.* No tiene nada de extraño porque mina tu confianza y tu sentimiento de control. Empiezas a dudar de las personas que más te aprecian. Te sientes asediado. ¿Pero cómo puedes personalizar menos? Te doy tres pistas posibles:

1. *Escucha tus emociones.* Si te das cuenta de que, de pronto, sientes ira o culpabilidad, pregúntate lo que ha desencadenado tal sentimiento. Para ilustrar el proceso, retomemos el ejemplo del amigo que te invita a cenar en un restaurante vegetariano. Inmediatamente te enfadas porque piensas que te encuentra gordo o porque quiere transmitirte el mensaje de que deberías tomar comida rápida con menos frecuencia. Al percibir tu ira te das cuenta de que hay algo que te ocurre. Si buscas lo que ha desencadenado este sentimiento, descubres rápidamente que es la invitación a cenar.

2. *Pregúntate si existen otras interpretaciones posibles* de la situación que te ha enfadado o te ha hecho

sentir culpable. Igual que Mireia, podrás descubrir varias de ellas.

◆ Mi amigo ha decidido estar más atento a su alimentación y la elección de este restaurante es el resultado de su preocupación.
◆ A mi amigo le gustan las novedades. Este restaurante acaba de abrir y tiene ganas de probarlo.
◆ Mi amigo tiene ganas de comer conmigo. Ha elegido este restaurante al azar.
◆ Mi amigo no quiere sacar el coche para ir a cenar. Este restaurante vegetariano está muy cerca. Podemos ir a pie.

Observa que, tras haber descubierto otras interpretaciones posibles a los hechos que te han ofendido, ya te sientes menos culpable y menos enfadado. Acabas de reducir el riesgo de ser atacado al tomar conciencia del hecho de que **tu primera reacción no tenía una base real.**

3. *Busca pruebas* que acaben de confirmarte cuál es la interpretación adecuada. Por ejemplo, puedes preguntar a este amigo por qué ha pensado en ese restaurante. ¿Por que se puede ir a pie? ¡Esto te tranquilizará! Puedes utilizar tu energía de manera positiva, eligiendo apreciar la comida en lugar de alimentar tu resentimiento.

Esta conducta, por simple que sea, te permitirá pasar mejores días. Identifica la emoción. Encuentra las interpretaciones posibles. Busca pruebas.

No eres el centro del mundo

La gente que personaliza se da a menudo una importancia desmesurada. Suponen que todo lo que dicen las personas que los rodean se refiere a ellos. Si tienes tendencia a personalizar, tienes que saber que la gente se preocupa más de ella que de ti. No eres el centro de su mundo y tienen otras cosas que hacer que opinar continuamente sobre ti. De hecho, la personalización no proviene necesariamente de palabras mal interpretadas. También puede provenir de **gestos**. Veamos algunos ejemplos.

❖ Los vecinos de Marcos se acaban de construir una piscina de lujo. De pronto, Marcos se siente ridículo con su piscina desmontable bastante ordinaria y no demasiado grande. Desde hace algunos días no puede dormir, evita saludar a su vecino por temor a que éste se burle de él. Marcos recuerda con nostalgia el verano pasado. Cree que este verano no estará de humor para bañarse. Le da vergüenza.

❖ Luisa se divierte mucho en un bar del centro de la ciudad durante una noche a todo ritmo. Esta fiesta de la oficina es un auténtico éxito. El animador anuncia que va a empezar el karaoke. Estrella, una compañera de Luisa, es la primera que coge el micro. Le ponen una canción de Carla Bruni que comienza a cantar de inmediato con cierto talento. Luisa no puede creerlo. Estrella es realmente mejor que ella cuando canta. De pronto, su gozo desciende cerca del cero absoluto. Ya no tiene ganas de estar allí. Le da la impresión de ser una nulidad. Siente que ha caído en una trampa.

❖ El domingo pasado, la familia de Bernardo celebraba una reunión familiar. Todo iba bien hasta que Juan Antonio, el hermano de Bernardo, llegó a casa con su nueva compañera, una mujer espléndida. Bernardo se dijo que nunca podría presentarse con una mujer así cogida de su brazo. De pronto se sintió melancólico y no habló más durante toda la velada.

¿Realmente crees que el vecino de Marcos se gastó 15.000 euros para comprar una piscina y avergonzar a su vecino? ¿Crees que la próxima evaluación de los empleados de la empresa en la que Luisa trabaja se efectuará en función de sus talentos vocales? ¿Piensas que Juan Antonio ha elegido a su nueva compañera para hacer sufrir a su hermano?

¿Piensas también que todos los demás vecinos tienen la mirada fija en Marcos y que se preguntan cómo reaccionará al ultraje que le ha sido hecho? ¿Crees que van a apostar entre la hipótesis A (Marcos va a hacer una piscina más grande que la de su vecino) y la hipótesis B (Marcos va a intentar suicidarse)? ¡Podríamos apostar a que todos pasan olímpicamente del drama que vive Marcos en su cabeza!

Si te crees el centro del mundo, tienes tendencia a compararte a menudo con los demás, lo cual no es malo en sí mismo puesto que te permite descubrir tus puntos fuertes y tus puntos débiles. Gracias a la comparación, estás en condiciones de felicitarte por tus puntos fuertes (lo cual aumenta el gusto por ser uno mismo) y puedes empezar a paliar tus puntos débiles. El hecho de compararse con los demás es sano siempre que la comparación sea **objetiva**.

El problema de los que personalizan, es que no perciben más que los elementos comparativos que les **desfavorecen** y utilizan estas percepciones para dudar de su valor personal. Veamos algunos ejemplos.

- ❖ «Mi vecino tiene una piscina mucho más grande que la mía. Probablemente es más rico que yo. Probablemente es mejor que yo. Yo no tengo muchas aptitudes. No valgo gran cosa. Debería darme vergüenza».
- ❖ «Estrella canta mejor que yo. Estoy menos dotada que ella para el canto. Por eso trabajo peor. Tengo suerte de seguir en esta empresa. No merezco ser la directora de cuentas de los clientes».
- ❖ «Mi hermano tiene una compañera que yo no tengo. No soy atractivo. La gente me evita. Nunca podré sentir la felicidad que se ve en los ojos de mi hermano».

La personalización va más lejos todavía. A veces sucede que las personas se comparan desfavorablemente con el retrato idealizado que mantienen de sí mismos en su juventud, en la época en la que creían todavía poder volar como Superman o salvar al mundo como Batman.

- ❖ Francina soñaba con convertirse en una estrella de la canción y ha terminado siendo jefe de sección en una ferretería. Para pasar el tiempo, todas las noches da vueltas a la idea de que, desgraciadamente, ha fracasado. Este comportamiento disminuye su autoestima, la satisfacción que podría sentir en su trabajo y le impide lanzarse y actuar para realizar sus sueños.

Por último, las personas reaccionan al sentimiento de desvalorización que les invade recurriendo al **cinismo** o metiéndose en **proyectos que les perjudican.**

❖ Si Marcos usara el cinismo, podría dar a entender que su vecino ha pagado la piscina con dinero prestado o con dinero adquirido ilegalmente. También podría pensar que su vendedor le ha estafado.
❖ Marcos podría deshacerse de su piscina, construir una más grande que la de su vecino, aprovechar para instalar un estanque natural y, si le queda un poco de espacio, construir una pista de tenis al fondo de su terreno. A fin de cuentas, se endeudaría de tal manera que no podría devolver el préstamo, sólo para salvar su honor (a sus propios ojos).

¿Será más feliz tanto si utiliza el cinismo como si se lanza en proyectos perjudiciales para él?

Modos de sentirse menos afectado

Si te reconoces en las descripciones presentadas hasta aquí en esta sección, te animo a que recurras a las **5 técnicas** que se presentan en las páginas siguientes.

1. Pregúntate: ¿estoy dispuesto a hacer eso?

Te gustaría tocar la flauta travesera como lo hace tu amiga, pero ¿estás dispuesto a invertir el tiempo y a realizar los esfuerzos necesarios para llegar a ese nivel de maestría? Te gustaría ser un autor publicado, pero ¿estás preparado para pasar todas esas horas recluido investigando, escribiendo, leyendo y releyendo tu texto para mejorarlo? Te gustaría tener un coche tan lujoso como el de tu cuñado, pero ¿puedes asumir pagos mensuales tan elevados durante cuatro o cinco años? Te gustaría exhibir unos músculos como los de un compañero, pero ¿estás dispuesto a adoptar una dieta severa y a hacer ejercicio cinco veces a la semana? Adquirir bienes, músculos o talentos nunca se hace sin esfuerzos. **¿Estás preparado para sufrir?**

La próxima vez que envidies a alguien, pregúntate si estás dispuesto a invertir el mismo tiempo, el mismo dinero y a realizar los mismos esfuerzos que él para llegar a ello. Es muy probable que te de menos envidia cuando comprendas sus sacrificios.

Pregúntate después lo que hubieras tenido que sacrificar si hubieras invertido tus recursos **en otra parte**. El tiempo es un recurso disponible en una cantidad limitada, es imposible hacerlo todo. Si has pasado todas esas horas aprendiendo a tocar la flauta travesera, habrías estado menos presente en casa con tu dulce media naranja, habrías tenido que renunciar a ese curso de programación o a la posibilidad de ascender en el trabajo. ¿Habría valido la pena? ¡Sólo tú lo sabes!

Los seres humanos eligen. Esas elecciones les llevan por caminos diferentes. Si deseas mejorar tu suerte, deja de envidiar las elecciones de los demás y ocúpate desde ahora de realizar tus sueños.

2. Alégrate del éxito de los demás

Puedes constatar los hechos sin sentirte obligado a *compararte* con nadie. ¿Te sientes minusvalorado si tu hijo obtiene una media general más elevada que la tuya cuando ibas a la escuela? Al contrario, te sientes orgulloso y estás contento por él. ¿Por qué tendría que ser diferente en otras circunstancias?

Ante el talento de Estrella en el karaoke, Luisa podría felicitarla en lugar de envidiarla. Eso mejoraría la calidad de su relación profesional. Marcos podría felicitar a su vecino por la compra de su piscina y decirle que, gracias a la mejora de su propiedad, el valor mercantil de las casas del barrio acaba de subir.

La vida no es un juego que tenga que dar cero como suma; no porque una persona gane, otra tiene que perder necesariamente. Algunos pueden mejorar su situación sin que los demás pierdan nada. Acostúmbrate a alegrarte del éxito de los demás. Felicítales y pasa a otra cosa.

3. Desarrolla tu gratitud

Trataré de la gratitud más ampliamente en el capítulo 6. Por el momento, me contento con mencionar que, si tomas conciencia de todo lo que posees y de la gran cantidad de personas que te han ayudado en la vida, la balanza se inclinaría a tu favor en el momento de esas dudosas comparaciones. Garantizado. En lugar de compararte únicamente en los aspectos en los que te sientes más débil, piensa en tus logros pasados y en la fuerza que has demostrado tantas veces. Así adoptarás una visión más completa y más justa de tu valor real respecto al de los demás.

4. Prepárate para sincerarte contigo mismo

Supongamos por un momento que te dispones a confiar a un amigo lo que sientes en este momento. Coge una hoja y escribe lo que le contarías. Veamos dos ejemplos.

❖ Marcos: «Me desmoraliza que mi vecino haya comprado una piscina más grande que la mía. Desde que la ha instalado siento que he fracasado. Tengo incluso dificultades para dormir».
❖ Luisa: «Cuando me di cuenta que Estrella cantaba mejor que yo, lo tomé realmente como una afrenta. Tengo la impresión de que si ella puede cantar mejor que yo, también es mejor en el trabajo».

Una vez redactado el texto, vuelve a leerlo y pregúntate si realmente estás dispuesto a confiar eso a alguien. En muchos casos, el simple hecho de escribir lo que sientes es liberador y hace desaparecer los sentimientos negativos porque te das cuenta de que has tenido una reacción exagerada.

Si no se va el sentimiento negativo, imagina ahora lo que te respondería un amigo si le leyeras ese texto. Es probable que te dijera que tu reacción es desproporcionada. Imagina la escena y, si continúa el sentimiento negativo, pasa al acto y haz tu confesión. Seguramente tendrás que aprender algo sobre ti.

5. Acepta el desafío

Si cuando te compares con una persona te das cuenta de que deseas absolutamente adquirir un bien o desarrollar un talento, no te contentes con suspirar. Elabora un plan de acción y lánzate. ¡Hoy!

¿Qué te falta para realizar este objetivo? ¿Qué recursos necesitas? ¿Qué podría estropear este proyecto? ¿Por qué etapas deberás pasar para realizar este sueño? No planifiques demasiado, **comienza**. Si no lo haces aunque lo desees realmente, antes o después lamentarás no haberlo concretado.

Recuerda que *emprender* un proyecto es ya *empezar a lograrlo*. Cada etapa constituye una ocasión de celebración. Cada etapa realizada refuerza tu resiliencia.

CLAVE N.º 4

La **objetividad** constituye la cuarta clave de la resiliencia. La objetividad es la capacidad que tiene una persona para percibirse honestamente y ver el mundo tal como es, sin prejuicios ni falta de ecuanimidad. Es un estado mental ideal que pocas personas pueden alcanzar realmente, pero al que es sano aspirar de todas maneras.

Los efectos negativos de la personalización sobrevienen cuando la imaginación se dispara. En ese momento, es fácil que te percibas como menos que nada y que atribuyas a otros cualidades tan formidables que disminuya un poco más el poco valor que te queda a tus propios ojos. No hay nada mejor como una buena dosis de realidad para poner otra vez los pies en el suelo. Observa que la falta de objetividad no sólo tiene como consecuencia el rebajarte e inmovilizarte. Una mala lectura de la realidad puede también impulsarte a alcanzar conclusiones demasiado optimistas.

❖ Ricardo está persuadido de que domina a la perfección la gestión de proyectos porque ha ayudado a su superior a poner en marcha nuevos procesos. Por esto se ha mostrado interesado en responsabilizarse de la ampliación de la nueva sucursal. Por suerte su jefe no le deja tomar las riendas porque sería un fracaso estrepitoso.

❖ Esta mañana, al abrir la tienda, Martín ha sonreído a Melisa. Ella se imagina que Martín siente algo por ella y está en las nubes cuando va a hablar de su intuición con una compañera de trabajo. Pero si informáramos a Martín de esto, nos diría que no comprende lo que Melisa ha podido interpretar.

La manera en la que percibes tus puntos fuertes, tus puntos débiles y el mundo que te rodea tiene un considerable impacto en tu confianza personal y en tu capacidad para hacer que las cosas cambien. Cuanto más objetiva sea tu mirada, más desafíos que seas capaz de asumir elegirás y así podrás continuar mejorando tus relaciones interpersonales sobre bases auténticas.

Por tanto, es importante que cuando, por ejemplo, te sientas ofendido por el comentario de alguien, te asegures de que tu interpretación **corresponde a la realidad.** De esta manera, podrás reaccionar correctamente en lugar de hacerlo como si acabaran de atacarte.

Además, cuando tengas tendencia a compararte con otras personas, recuerda que el éxito de un individuo se basa en el equilibrio y que es arriesgado compararse en una única faceta de la vida o con un solo elemento de la personalidad. La persona a la que envidias por su éxito en los negocios, quizá no tenga amigos o buena salud. No te dejes cegar por **un único criterio de comparación.**

Es una tentación generalizar a partir de uno solo elemento informativo y suponer que la persona que es superior a ti en un terreno, no tiene preocupaciones, que vive en la opulencia sin hacer nunca nada por su calidad de vida. Pero tal generalización no se tiene de pie. Quítatelo de la cabeza enseguida.

No supongas tampoco que los personajes que ves en la televisión son reales. No porque puedas ver los jueves las aventuras de algunos jóvenes sin trabajo que viven en *lofts* lujosos y gozan de todas las comodidades, existe realmente ese estilo de vida. No porque los personajes con los que te identificas no estén nunca en el trabajo, es posible de gozar de un tren de vida por encima de la media sin ir nunca a fichar. Se trata de obras de ficción, ¡no lo olvides!

Continúa siendo objetivo cuando alguien te haga un reproche o te dirija un cumplido. Si no lo haces, en el primer caso, te arriesgas a hundirte en la depresión; en el segundo, a lanzarte a proyectos que no podrás llevar a cabo. Para reaccionar de manera equilibrada a un reproche o a un cumplido, hay que conocerse bien.

Pregúntate *quién* te hace ese cumplido o ese reproche. Pregúntate si esa persona posee la competencia necesaria para juzgar de manera fiable lo que eres y lo que puedes dar. Si no encuentras pruebas que demuestren su competencia, no tengas en cuenta lo que diga o pide otra opinión. Es igual de nefasto confiar en un adulador como escuchar a una persona negativa.

Si dudas de tu competencia, infórmate sobre los medios para evaluarla. Hay exámenes escritos u orales que te permiten comprobar tu conocimiento de un idioma. Otras pruebas o simulaciones te ayudarán a delimitar tus competencias sobre tu gestión. También puedes tener una idea más precisa respecto a tus cualidades de vendedor si preguntas a alguno de tus clientes y analizas sus respuestas. Una discusión franca te permitirá descubrir lo que tu cónyuge piensa de ti. Tus compañeros de trabajo podrían decirte lo que piensan de la manera en la que tomas tus decisiones. No te fíes de simples impresiones. Asegúrate de que tu percepción se basa en **hechos**.

Ser objetivo, es percibir la realidad tal como es. Es ser capaz de tomar las mejores decisiones evitando subestimarse o sobrestimarse.

5

Deja de preocuparte

*He temido muchas cosas en mi vida. La mayoría
de mis temores jamás se han concretado.*

MARK TWAIN

¿*E*res la clase de persona que se siente angustiada cuando todo va bien? ¿Te dices en ese momento que lo que pasa no es normal y que si parece que todo va bien, seguramente es porque algo terrible se está tramando a tus espaldas? Parece que una buena parte de nosotros es incapaz de apreciar el momento presente porque nos preocupamos por el futuro. Observa que, en muchos casos, son nuestros **padres** quienes nos han comunicado esta manía.

Por problemas familiares pasé una parte de mi infancia en casa de mis abuelos. En el otoño de 1970 estaba en cuarto de bachiller y me hubiera gustado aprovechar las tardes para jugar con otros niños, pero me quedaba en casa. ¿Por qué? Porque mi abuela había logrado hacerme creer que el «Frente Revolucionario» me secuestraría si asomaba mi nariz por la puerta. Además de estar contra Laporta y Cross, ¡también la tomaban con el pequeño Sansón! Yo no sabía de donde sacaba sus informaciones, pero mi abuela parecía saber mucho sobre la motivación de los «revolucionarios».

Más adelante, cuando volví a mi casa, siguieron bombardeándome: no se podía salir de casa sin llevar calcetines y pantalones limpios. «Nunca se sabe cuando podrías tener un accidente. ¿Qué te parecería que te llevaran al hospital con los pantalones sucios?» Nunca comprendí cómo podía saber mi madre que yo tenía más posibilidades que otro de tener un accidente, pero, hoy día, sé que sus consejos no eran muy útiles, pues, tras un accidente en el que alguien hubiera tenido que llevarme al hospital, mis pantalones habrían llegado sucios de todas maneras.

Identifica tus temores injustificados

¿Qué pasó contigo? ¿Qué te dijeron para empujarte a convertirte demasiado deprisa en un adulto? ¿Que no te subieras a los árboles para no romperte el cuello? ¿Que no jugaras en la calle en invierno para no contagiarte de la gripe? ¿Arrastras todavía ese sentimiento de crisis inminente que te impide apreciar el momento presente? Pregúntate sobre los miedos que te han inculcado para poder superarlos. Entiéndeme. No te animo a saltar desde el quinto piso o a emprenderla contra las bandas callejeras que frecuentan tu barrio. En estos casos, el miedo es una emoción normal que te indica que hay un peligro. Es un sentimiento que tiene la función de **protegerte**. Sin embargo, cuando se confunde corres el riesgo de salir perjudicado en lugar de ser algo que te ayude.

- *El miedo puede impedir que aproveches tu vida.* Cuando se dio cuenta de que tenía un bulto en el pecho izquierdo, Raquel se moría de miedo. Tardó tres años en ir al médico para realizar las pruebas diagnósticas porque le paralizaba la idea de tener un cáncer. El tumor no era cancerígeno, pero durante tres años mantuvo la idea de una muerte inminente y no tomó ninguna decisión. Simplemente no gozó de la vida.

- *El miedo puede impedir que te realices.* Martín siempre soñó con ser diseñador de cómics. Pasaba sus noches creando personajes e historias. Pero nunca envió sus obras a ningún editor: «Tengo mucho miedo de que me digan que no. Prefiero continuar creando y esperar a que mi hora de gloria llegue algún día».

- *El miedo puede aislarte.* Un amigo acaba de regalar a Francisco dos entradas para un espectáculo de Bruce Springsteen porque él no podía utilizarlas. A Francisco le gustaría invitar a su compañera Carla porque la aprecia y sabe que a ella le encanta ese artista, pero no llega a proponerle que vaya con él. Le da miedo que lo rechace. Tras haberlo pensado durante tres días, va solo al espectáculo y tira la otra entrada.

Quizá has notado puntos comunes en estos tres ejemplos. Cada uno de estos personajes se siente a la vez vulnerable e impotente («no puedo hacer nada; es cáncer», «no conseguiré nada; ningún editor querrá publicar mis historias», «no puedo hacer nada; Carla no querrá salir conmigo»).

Estos sentimientos de vulnerabilidad e impotencia son los que provocan un miedo injustificado y te paralizan. Además, el miedo constante hacia el futuro reduce tu esperanza de vida, es perjudicial para tu digestión y afecta a tu capacidad cardiovascular.

Si te reconoces en estas descripciones, este capítulo es para ti. En él descubrirás cómo puedes calmar tus temores cuando no están justificados.

Calma tus demonios internos

Para acabar con tus miedos infundados, primero tienes que controlar tus sentimientos de vulnerabilidad e impotencia. Llegarás a ello si sigues las etapas siguientes.

No te quedes solo

Piensa en una persona de confianza y cuéntale lo que te aterroriza. Verbalizar los pensamientos que te paralizan bastará a veces para ayudarte a comprender que tu interpretación de los hechos no tiene ninguna relación con la realidad. Verás cómo tus temores se funden como la nieve al sol. Mientras no verbalices tus pensamientos, se quedarán en tu mente de manera imprecisa, inalcanzable.

Además, el simple hecho de verbalizar tus temores te liberará de la bola de angustia que te hace nudos en el estómago. Cuando mantienes tu estado de angustia, ésta continúa creciendo y te quedas sin energía. Si la compartes, la debilitarás o, mejor todavía, la eliminarás. Finalmente, la persona que te escuche podrá darte su opinión sobre lo que te hace temblar y quizá también aproveche para contarte sus miedos. De esta manera, los dos saldréis ganando.

Infórmate para cotejar imaginación y realidad

Si Raquel se hubiera informado mejor, habría podido descubrir que el cáncer no es la única causa posible de que se forme un bulto en el pecho. Martín habría podido consultar biografías de artistas famosos que cuentan los fracasos que han tenido antes de que se publicara su primera obra. Si Francisco hubiera abierto los ojos, habría podido darse cuenta de que su compañera Carla está especialmente sonriente siempre que se cruzan en la oficina.

Concentrándose en los hechos, es posible contener la imaginación desbordante que nos hace elaborar las situaciones más negras. Estas informaciones observables debilitan las probabilidades hipotéticas que maneja una mente que teme al futuro. Te obligan a tener los pies en el suelo.

Establece un plan de acción

Pregúntate qué puedes hacer concretamente para controlar estos sentimientos. Para Raquel sería coger una cita con el médico. Para Martín podría ser encontrar a un autor que se conociese el sector editorial para hablar con él. Para Francisco, podría *preguntar* a su compañera si quiere acompañarle al espectáculo. Podría hacerlo explicándole que está buscando a alguien que aprecie a ese artista tanto como él.

Si no haces nada para tomar el control de tu vida, estás complaciéndote en mantener un sentimiento de angustia que te destruye poco a poco. En el momento en que establezcas un plan de acción, sentirás como aumenta tu fuerza interior. Tú eliges: alimentas la angustia o vuelves a tomar el control. Raquel puede elegir: vivir como un fantasma o asumir un diagnóstico real.

Minimiza tu vulnerabilidad

Si te angustias, es que te sientes vulnerable. Puedes controlar (o disminuir) este sentimiento.

■ *Opta por una solución de recambio.* Si te das cuenta de que no controlas mucho el origen de tu angustia, puedes intentar reducir las ocasiones de estar confrontado a ella. Si hay bandas callejeras que se han adueñado de un solar, puedes cambiar tu itinerario para volver a tu casa. Si no te gusta la idea de encontrarte con tu jefe los lunes por la mañana, porque a menudo está gruñón, planifica tu horario en consecuencia.

■ *Elige el camino que te aporte más desarrollo personal.* Si temes que, dentro de poco, se introduzca una nueva tecnología en tu organización, puedes reducir tu vulnerabilidad apuntándote en una formación adecuada. Actúa de manera que puedas hacer frente a la amenaza y ésta perderá su carácter amenazador.

■ *Aumenta tu resistencia física.* Tu modo de vida puede hacer que dependas más de esta angustia crónica. Asegúrate de dormir bien para restablecer tu nivel de energía. Adopta una alimentación sana que te sostenga en los momentos en que lo necesites. Ponte en forma con algún programa de actividades físicas. Aprende a descansar y a desconectar cuando así lo exija la situación. Recuerda que el cuerpo y la mente están en íntima conexión. Te sorprenderá constatar cuanto puede atenuarse el sentimiento de angustia a medida que tu cuerpo se vuelve más resistente al estrés y al cansancio.

Si respetas estas cuatro etapas, te sentirás menos susceptible y se disparará menos tu imaginación. Esto no quiere decir que la angustia desaparecerá como por arte de magia. Pero la verdad es que disminuirá y por tanto será menos molesta.

Hasta aquí, has contemplado un plan de acción que te permitirá controlar mejor la situación. Has hecho todo lo que estaba en tus manos para aumentar tu poder y reducir tu angustia. ¡Felicitaciones!

¿Y ahora? ¡Ahora pasará lo que tenga que pasar! Las cosas quizá no ocurran como te hubiera gustado, pero al menos no vivirás al ritmo de tu imaginación.

Si la compañera de Francisco no quiere acompañarle a ver ese espectáculo, podrá invitar a otra persona, regalar sus dos entradas o ir solo. Si el bulto que ha descubierto Raquel revela un cáncer, tendrá que comenzar un tratamiento adecuado. Si ningún editor aprecia los proyectos de Martín, podrá pensar en publicarlos él mismo, modificarlos o aceptar el hecho de que su arte debe constituir para él un pasatiempo.

Lo que destruye al ser humano con una angustia perpetua, es la **película catastrófica** que se desarrolla en su imaginación. No es el acontecimiento en sí ni sus consecuencias.

¿La vida es realmente
un deporte peligroso?

Eres mortal, no te enseño nada. Si tienes tendencia a atormentarte, no tienes más que mantener la idea de que, día tras día, se aproxima tu fin. Puedes incluso complacerte en imaginar las muertes más sórdidas y recordar de la mañana a la noche que, desde el día en que naciste, te diriges hacia tu aniquilación.

Sin embargo, este estado mental tiene un precio: el del inmovilismo. ¿Para qué trabajar haciendo de este mundo algo mejor si a fin de cuentas no vas a aprovecharlo?

Los que eligen la voz de la resiliencia, muestran más bien la sabiduría de Baudelaire: «¡Los minutos, alegre mortal, son gangas que no hay que soltar sin extraer oro de ellos!». Deciden que sacarán el **máximo provecho de cada momento.** Si quieres formar parte de este grupo, aquí tienes algunos trucos que te ayudarán a enfrentarte mejor con tus miedos.

Haz una lista con tus temores
no realizados

¿Cuántas veces te has imaginado lo peor? ¿Y cuántas veces se ha producido? Coge un cuaderno y detalla esos momentos. Pon la fecha aproximada en la que se ha manifestado ese temor, el contexto, tu peor guión en ese momento y lo que finalmente se ha manifestado. Cuando tengas unas treinta entradas, vuelve a leerlo todo y saca conclusiones. ¿Podría ser que en la mayoría de los casos, los temores que alimentas no se realicen? ¿Puede que, a menudo, tu imaginación te haya impedido aprovechar alguna ocasión? ¿Y puede ser que los temores que alimentes *actualmente* no tengan más valor que los que están escritos en el cuaderno?

Cada vez que experimentes un sentimiento de angustia que te paralice, tómate un tiempo para ponerlo en este cuaderno diciéndote que terminarás de escribir cuando sepas lo que ha pasado en realidad. El simple hecho de *poner* este temor en tu lista de temores no realizados, te ayudará a tomar conciencia de que el guión que mantienes es sólo eso: un guión.

Prevé un tiempo para preocuparte

Algunas personas muy sensatas no llegan a vencer una angustia repentina más que **retardándola**. Prevén en su horario un periodo de tiempo para dedicarlo a sus miedos y a su angustia. Cuando sobreviene un pensamiento que puede aumentar su ansiedad, toman nota de ello para volver al momento previsto para este fin. A menudo, cuando el momento llega, esos pensamientos negativos han perdido su intensidad y les es fácil desembarazarse de ellos. Tú también puedes prever un periodo parecido cada día o cada semana. Haz pruebas para descubrir el que mejor te conviene.

Descubre la utilidad de tus temores

¿Qué efecto tiene en ti y en tu existencia este sentimiento de temor y esta imagen que predice la llegada de una catástrofe en tu pantalla interna? Como ya hemos visto, el miedo es útil cuando permite **identificar una amenaza** real porque te impulsa a evitar dicha amenaza o a prepararte para minimizar sus consecuencias.

Si te permite identificar una amenaza real, el miedo es útil y debes afrontarlo siguiendo las indicaciones presentadas al principio de este capítulo.

En caso contrario, simplemente puedes decirte que no sirve para nada y que no tienes tiempo de ocuparte de eso. Concéntrate entonces en pensamientos más constructivos o entretén tu mente. Trataré las técnicas que pueden ayudarte en esto en el capítulo 9.

Pregúntate: «¿Y ahora?»

Cuando era niño, las series televisivas de esa época acababan inevitablemente con la impresión de que el mundo llegaba a su fin. En otras películas se ataba a la heroína a los raíles del tren mientras éste se acercaba a gran velocidad. También el dúo formado por los héroes de cómic Batman y Robin se encontraba encadenado a una gigantesca bomba que iba a explotar en unos minutos mientras la voz del narrador daba a entender que quizá era el fin de esta heroica pareja. El coyote se caía por un acantilado mientras el correcaminos se reía de él una vez más.

Como todos los niños, me pasaba la semana preguntándome qué es lo que pasaría. ¿Desaparecería Batman de la pantalla? ¿La heroína cubierta con una tela translúcida, estaría viviendo sus últimos momentos? ¿Se rompería los huesos el Coyote? Sin duda has visto historias parecidas, aunque fueran las aventuras de otros personajes. Compara lo que sentías entonces con ese sentimiento de miedo infundado y esa impresión de drama inminente que te abruma con regularidad. ¿Te acuerdas de lo que sentías cuando, en la penumbra, veías al héroe empujar una puerta tras la que se encontraba con seguridad un terrible enemigo?

Por suerte y para nuestro deleite de jóvenes telespectadores, lo peor era sistemáticamente descartado. Los guionistas trabajaban a brazo partido para que, en el episodio siguiente, la guapa heroína con su diáfano vestuario no muriera, para que Batman y Robin desactivaran la bomba o para que el Coyote saliera indemne o casi. Los guionistas se preguntaban cada semana «¿Y ahora?» y encontraban la manera de mejorar la situación hasta el final del episodio siguiente. Gracias a ellos, la vida de esos personajes era una serie continua de dramas en suspense y de cambios saludables.

Tu imaginación actúa como esos guionistas cuando te sumerge en un miedo infundado. Te permite visualizar la escena final de un episodio de tu vida en la que todo va mal y en la que parecen concretarse las peores posibilidades.

Por ejemplo, es su imaginación la que hace que Francisco se sienta rechazado por Carla, cuando le gustaría invitarla al espectáculo. Es su imaginación la que le lleva a sentir, por adelantado, la humillación producida por una impresión de rechazo. El miedo a esta humillación le paraliza; y ahora se pregunta si su personaje no desaparecerá muy pronto.

Tu imaginación es capaz de grandes cosas. Por suerte, no es necesario que se detenga en el episodio en curso. Igual que esos guionistas que cada vez encuentran la manera de hacer que el héroe salga del atolladero al principio del episodio siguiente, tu imaginación puede adelantarse al episodio que transcurre en ese momento y encontrar la manera de que las cosas ocurran de otra forma.

Basta con decir: «¿Y ahora?» y preguntarte cómo los guionistas neutralizan la crisis en una serie de televisión para lanzar de nuevo al héroe (a ti en este caso) a la acción. Para ilustrar este mecanismo, veamos cómo Francisco podría utilizar su imaginación para volver a encontrar su aplomo. Basta con que imagine la voz del narrador al principio del episodio siguiente a la escena trágica en su pantalla interna: «Al final del último episodio, Francisco se preparaba para que sus compañeros de trabajo le ridiculizaran (incluso los de las sucursales más alejadas, que estaban presentes esperando hartarse de reír) en el momento en el que propusiera a su compañera que le acompañara al espectáculo. Él no duda que en el momento en el que pronuncie las palabras tan temidas, se producirá un acontecimiento imprevisto».

Aquí, deja que corra tu imaginación. Veamos por ejemplo algunas escenas que Francisco podría imaginarse.

❖ Carla sonríe ampliamente y le dice a Francisco que le interesa mucho ir con él a ese espectáculo, que ha intentado comprar entradas y no lo ha conseguido. Parece realmente encantada con esta invitación.

❖ En el momento en que Carla le dice a Francisco que está ocupada la noche del espectáculo, Carmen, otra compañera, se acerca y le dice a Francisco que le gustaría mucho acompañarle. Él está en la gloria.

❖ Carla responde a Francisco que ya tiene un compromiso la noche del concierto pero que le gustaría tomar una copa con él cuando salgan de la oficina.

❖ Carla está a punto de decirle a Francisco que su invitación es ridícula y que nunca aceptará salir con él, pero, en el momento en que abre la boca, el sistema de alarma de la empresa se pone en marcha y se da la orden de evacuación. No sabremos cual será la respuesta de Carla hasta el próximo capítulo.

❖ Una administrativa de otro departamento, que pasa por allí, le ofrece un buen precio por su entrada porque sueña con ver el famoso concierto. Francisco le dice que tendrá que buscar una entrada para el espectáculo en otra parte.

¿Piensas que los guiones imaginados son ridículos? Es probable que el guión catastrófico que alimentas actualmente sea tan ridículo o más como el que vas a inventar. ¡Déjate ir!

CLAVE N.º 5

El **valor** constituye la quinta clave de la resiliencia. Ser valiente no quiere decir «no tener miedo de nada»; esta definición se acerca más a la inconsciencia que a otra cosa. La palabra valor, tal como la utilizaremos en estas páginas, representa sobre todo la capacidad de continuar cualquier acción o gestión que hayas emprendido a **pesar del miedo.** Recuerda todas las veces que has continuado actuando a pesar de la angustia que te asaltaba y acuérdate de la emoción que has sentido después.

❖ Francisco: «No tengo palabras para decir cómo me sentía cuando acabó el espectáculo y llevé a Carla a su casa. Jamás me había sentido tan bien en diez años. Sentía que era capaz de hacer grandes cosas. Por primera vez, después de mucho tiempo, me veía tomando las riendas de mi vida. ¡Y lo mejor es que vamos a repetirlo la semana que viene!»

❖ Martín: «¡Me sentía tan orgulloso cuando recibí mi ejemplar de la revista cuando se distribuyó entre los comerciantes del centro de la ciudad! Es la primera vez que uno de mis cómics se publica. La remuneración es una verdadera miseria, ¡pero al fin soy un dibujante de cómics que publica! Me ha dado confianza. La semana que viene voy a ver al editor de una revista humorística muy conocida».

Los miedos injustificados te confinan en un camino estrecho, pasivo y lineal. Te impulsan a contentarte con una ínfima parte de la vida que podrías tener. Son una carga que te impide levantar el vuelo. Al igual que Francisco y Luis, puedes hacer caso omiso de tus temores injustificados y lanzarte a conquistar el mundo.

Para terminar este capítulo, te doy **4 consejos** que te ayudarán a desarrollar tu valor.

❖❖❖

1. Acepta tu situación actual

Quizá estés confinado en un sillón de ruedas o tu médico te ha dicho que te quedan seis meses de vida. Quizá formas parte de un grupo minoritario de la sociedad. Puede que hayas tenido una infancia difícil o que te hayas pasado la vida intentando perder 30 kilos y nunca lo hayas logrado.

Sea cual sea tu situación, **acéptala**. Son las cartas que has recibido y tienes que sacar el mejor partido de ellas. Si en el pasado has intentado recurrir a esta situación para explicar tu falta de acción en la vida, tienes que saber que ibas por un camino equivocado. Algunas personas que reciben unas cartas perfectas (medio acomodado, salud, posibilidad de estudiar, etc.) malogran su vida y otros a los que el destino ha favorecido menos salen adelante a pesar de las malas cartas que han tenido.

2. Aprende a soñar de nuevo

Acuérdate de tu infancia, esa época bendita en la que ni siquiera tenías que cerrar los ojos para soñar. Podías imaginarte sin ningún esfuerzo volando por encima de la casa o representando el papel de un pirata, de una princesa o de un superhéroe.

Puedes aprender a soñar de nuevo. Puedes comenzar otra vez a fijarte objetivos realizables a pesar de tu situación actual. ¿Cuáles serán esos objetivos? ¿Obtener un título? ¿Cambiar de trabajo?

3. Divide tus sueños en partes más pequeñas

En el momento en que hayas encontrado algunos sueños que quieras realizar, te arriesgas a sentir miedo del fracaso que te empuja a abandonarlos. En ese momento, los miembros de tu C.A. te dirán que no merece la pena, que nunca has logrado realizar un proyecto tan grandioso o que harás el ridículo si te lanzas a ello. Es posible incluso que tu pantalla interna te presente escenas apocalípticas en las que se mezclan la humillación y el fracaso. No les escuches. Los miembros de tu C.A. no te conocen bien.

Si tu objetivo te parece demasiado grande, divídelo en etapas y después fragmenta esas etapas en pequeñas partes. Te darás cuenta que si haces eso con cada una de las etapas, te será más fácil realizarlas y que las consecuencias de tu fracaso te parecerán mucho menos graves que malograr todo el proyecto.

Lánzate a la acción. Ocúpate de una parte cada vez. Las etapas así abordadas serán fáciles de emprender y te conducirán a realizar tu sueño.

4. Celébralo

¡Cada vez que cumplas una etapa, felicítate y celébralo! Estás lográndolo. Poco a poco, tu confianza aumentará y cada vez tendrás menos ganas de prestar atención a los guiones catastróficos que tu imaginación se empeñe en imaginar.

¿Para qué inmovilizarse si hay una posibilidad de cada dos millones de que se produzca una catástrofe? ¿Para qué negarse a tener éxito sólo porque sea posible el fracaso? ¡Valor!

6

Haz las paces con tu pasado

*Sin el perdón, la vida está gobernada por un
ciclo sin fin de resentimiento y rencor.*

ROBERTO ASSAGIOLI

*No los juzgues con demasiada severidad,
Gaviota Fletcher. Al rechazarte, las demás
gaviotas sólo se han hecho daño a si mismas y
un día lo comprenderán... Perdónalas y
ayúdalas a conseguirlo.*

RICHARD BACH

*P*robablemente has visto alguna foto de Kim Phuc,
la niña vietnamita que corría desnuda con su cuerpo
quemado. Esta foto, publicada primero en la portada
del *Times*, dio la vuelta al mundo. El 8 de junio de
1972, cuando su pueblo, Trang Bang, en Vietnam, fue
bombardeado con napalm, Kim Phuc se quemó. Se
lanzó a la carretera, gritando de miedo y de dolor. Esta
foto contribuyó a que la guerra terminara: «una niña de
nueve años, llorando, huye medio desnuda de su pueblo en llamas».

En 1996, Kim Phuc vivía en Canadá con su marido
y sus hijos. Todavía llevaba las marcas de las quema-
duras. Durante la ceremonia de conmemoración de la
guerra del Vietnam en Washington, anunció que si se

encontrara cara a cara con el piloto que lanzó la bomba, le perdonaría, añadiendo que no se puede cambiar la historia, pero que, al menos, se puede intentar poner de nuestra parte lo mejor para promover la paz.

John Plummer, el oficial que había dado la orden de bombardear Trang Bang, estaba presente en la sala. Se levantó y se presentó. Kim Phuc abrió sus brazos. Plummer, llorando, se acercó y ella le abrazó. Después Kim diría: «Siempre podemos elegir. Yo he elegido la reconciliación y mi vida ha cambiado. He dejado de ser una víctima». Mientras no pudo perdonar, Kim se sentía como una víctima y le era difícil apreciar la vida.

¿Qué pasa contigo? ¿Qué emociones sientes cuando piensas en tu pasado? Las personas resilientes sienten agradecimiento, satisfacción, orgullo y serenidad. Las demás sienten sobre todo resentimiento, vergüenza o culpabilidad. Sin embargo, la percepción que tengas de tu pasado tiene un fuerte impacto en tu capacidad para ser feliz, como veremos en el capítulo 7.

La vida no es un ensayo general; no tienes derecho a una segunda prueba. El pasado está detrás de ti. Está hecho de recuerdos, y lo sentimientos a los que da lugar dependen mucho de cómo busques en tu memoria.

Puedes cambiar tu percepción del pasado y este cambio puede influir, desde ahora mismo, en tu aptitud para ser feliz y resistir los golpes que te de la vida. Veamos cómo.

Consecuencias de una visión negativa del pasado

Mientras las personas depresivas tienen tendencia a recordar los acontecimientos infelices de su pasado, las personas resilientes recuerdan más los buenos momentos. Se trata de una predisposición natural que puede modificarse y esto tiene enormes consecuencias sobre el presente y el futuro.

❖ Hace 23 años, Lisa abortó. En aquel entonces tenía 16 años. Actualmente, acaba de ser promocionada en su trabajo. Todos sus allegados la felicitan calurosamente, pero ella no llega a sentirse orgullosa de sí misma. Desde hace 23 años, cada vez que tendría que sentirse contenta por lo que le ocurre, su C.A. le impide apreciar el momento presente lanzándole observaciones como: «Si supieran realmente quien eres, no te apreciarían tanto», o: «Ya puedes presumir, después de lo que has hecho...».

❖ El año pasado, un compañero de Lucas le lanzó en plena reunión que había una error de cálculo en el informe que presentaba al comité de gestión. Este incidente acabó costándole el ascenso y, desde entonces, Lucas no ha dirigido más la palabra a su compañero. Esto creó, más que nunca, un mal ambiente de trabajo en el departamento.

❖ El año pasado, el padre de una buena amiga de Isabel murió. La noche en la que hubiera podido presentarse en el tanatorio, Alex, a quien ella amaba en secreto desde hacía meses, la invitó a salir. A partir de ese momento, Isabel y su amiga

117

casi ya no se han hablado. Isabel se siente demasiado culpable para dar el primer paso y su amiga demasiado herida para ir hacia ella.

❖ El padre de Carolina era muy tacaño. Incluso si tenía un buen sueldo, sólo daba cincuenta euros semanales a su mujer para que se ocupara de los niños y de la casa. La madre de Carolina tenía que trabajar para llegar a finales de mes por lo que ella y su hermano crecieron en ese ambiente difícil. Actualmente, veinte años después, Carolina se niega a hablar con su padre o asistir a cualquier reunión en la que pueda encontrárselo. Ayer la llamó su hermano para decirle que su padre tenía cáncer. Pensaba que ya era el momento de hacer una cruz sobre el pasado: —¡Después de todo, es nuestro padre! —le dijo, pero Carolina colgó sin responder.

La visión que tengas de tu pasado puede complicarte la vida. Estos cuatro personajes arrastran su pasado como una cruz y, mientras sigan así, no podrán apreciar el momento presente o preparar su futuro con optimismo.

❖ Lisa continúa sufriendo por algo que pasó casi un cuarto de siglo antes. Desde ese momento, se prohibió aprovechar lo que la vida le ofrecía para alimentar su sentimiento de culpabilidad, creyéndose en la obligación de mantenerlo.

❖ Lucas no deja de pensar en su rincón, hasta el punto de que su rendimiento en el trabajo ha bajado. El resentimiento que alimenta hacia su compañero afecta también a su sentido del humor. ¿Quién es el verdadero perdedor en esta situación?

❖ Isabel se siente culpable. Está convencida de que su amiga está rotundamente enfadada con ella. ¿Está justificada esta percepción? Habría que verlo. Una cosa es segura: ella echa de menos su relación de antaño.

❖ Carolina detesta tanto a su padre que está cortando los lazos con los demás miembros de su familia. Se siente más sola que nunca, pero alimenta la idea de que si hace las paces con su padre, traicionaría a su madre.

La memoria humana es **selectiva** (retiene los acontecimientos que refuerzan nuestra percepción de ellos) y **maleable** (a fuerza de volver a ver esos acontecimientos mentalmente, nuestra imaginación puede modificarlos para reforzar más la interpretación que tenemos de ellos).

Lisa, Lucas, Isabel y Carolina sacarían más provecho si miraran la realidad de frente. En ese momento, a pesar de su deseo de ser madre, Lisa no podía atender sola las necesidades de su hijo; Lucas no revisó el trabajo antes de presentarlo; Isabel sabía que su amiga se sentiría herida por su ausencia cuando decidió ir al teatro con Alex; Carolina está enfadada sobre todo con su madre por no haber pedido el divorcio. Si desean vivir mejor su presente y construirse un futuro mejor, estas cuatro personas deberán abrir la puerta de su conciencia a una gran virtud: la del perdón.

Los tres tipos de perdón

Perdonar es aceptar, es hacer borrón y cuenta nueva para restablecer una relación de calidad consigo mismo o con otra persona. Es interesante observar que el hecho de negarse a perdonar perjudica más, por regla general, a la persona que no quiere hacerlo que a la que ha metido la pata. En esta sección, trataremos de tres tipos de perdón: perdonar a otro, pedir perdón y perdonarse a sí mismo.

Perdonar a otro

¿Por qué tendrías que perdonar a alguien que te ha hecho daño? ¿No sería mejor que te vengaras? ¿Es esencial que el otro sufra antes de que tú te sientas mejor? Las personas que se niegan a perdonar a otra recurren a menudo a comportamientos que no mejoran su suerte.

- *Minimizan el daño sufrido.* Es lo que haría la amiga de Isabel si fingiera que no se ha sentido herida porque su amiga no se presentó en el tanatorio. El problema es que la afrenta se habría esparcido en su jardín de los resentimientos y continuaría creciendo incluso si su amiga intentara ignorarla. Hacer como que no ha pasado nada, tiene sus límites.
- *Planifican su venganza o alimentan el sentimiento de que han sido tratadas injustamente.* La amiga de Isabel podría enviarle cartas anónimas, poner azúcar en su depósito de gasolina o lanzar falsos rumores sobre ella, pero esos comportamientos no permitirían restablecer la relación.

120

Seguramente existe una opción mejor y ésta es el perdón. Mientras no perdonamos, seguimos atados al doloroso acontecimiento y lo revivimos mentalmente a intervalos regulares.

¿Pero, cómo perdonar? Es un camino que se hace por etapas. Para ilustrarlo, utilizaremos el caso de Lucas.

- *Recuerda el acontecimiento que ha sucedido realmente.* Intenta deshacer lo que tu imaginación ha inventado desde que su recuerdo crece en tu jardín de resentimientos. Al rememorar el suceso tal como se produjo realmente, Lucas se da cuenta de que no es una víctima inocente y de que su compañero no tenía mala intención. Si hubiera utilizado un tiempo para revisar su trabajo antes de la presentación, no se habría sentido humillado.

- *Ponte en el lugar de la persona que te ha herido.* ¿Por qué ha actuado así? ¿Qué motivos tenía? ¿Habrías actuado de la misma manera si hubieras estado en su situación? Cuando Lucas realiza este ejercicio se da cuenta de que, sin duda, él también habría saltado al darse cuenta del error de cálculo sin esperar el momento de la pausa para decírselo. Esta segunda etapa puede ser difícil. Por ejemplo, Lucas podría darse cuenta de que no tiene nada que reprochar a su compañero y que, a fin de cuentas, es él quien debería presentarle sus excusas después de todo este tiempo.

- *Recuerda alguna situación en la que tú mismo has herido a alguien.* Acuérdate también de que querías que te perdonaran. Aprovecha este recuerdo para perdonar a la persona que te haya hecho daño.

- *Prevé cómo vas a hacer saber a la otra persona que has hecho borrón y cuenta nueva.* Lucas, por ejemplo, podría hablar con su compañero al final de la jornada cuando la oficina se haya quedado vacía.

El hecho de perdonar a un tercero es liberador. El ejercicio mejora la relación, pero ésa no es su ventaja principal. Una vez que has perdonado a otro, no tendrás ya que mantener mentalmente esta zona de tu jardín de resentimientos. Tendrás más energía y estarás en condiciones de mirar positivamente el futuro y el pasado.

Pedir perdón

En 2003, en Quebec, un hombre se presentó en una comisaría de policía para confesar un crimen que había cometido doce años antes. Sin esta confesión, el culpable no habría sido descubierto nunca. ¿Por qué se entregó así? Simplemente porque ya no podía mirarse en el espejo.

También conozco un minorista que se sorprendió mucho cuando uno de sus más antiguos empleados le trajo cantidad de 300 euros que había robado cinco años antes.

¿Despidió a dicho empleado? En absoluto. Este último trabaja actualmente para mejorar los métodos de control interno de la empresa. El sentimiento de culpabilidad es una gran carga. El hecho de pedir perdón permite a un individuo volver a ser él mismo, dejar de interpretar un papel y reducir la diferencia negativa que existe entre lo que cree ser y lo que su forma de actuar muestra. Los dos ejemplos anteriores ilustran este mecanismo.

Pero hay más. Al pedir perdón, la persona arrepentida permite que la que se ha sentido escarnecida vuelva a sentirse digna y pueda demostrar su buena voluntad perdonando. Se trata de un acto de sumisión que, si se acepta, restablecerá la relación entre las dos partes.

Para pedir perdón, tienes que comenzar a realizar una **introspección**. ¿Realmente tienes la culpa? A veces nos *sentimos* culpables, pero no lo somos. También puede suceder lo contrario. ¿Qué ha pasado realmente?

Veamos lo que podría responder Isabel a esta pregunta.

❖ «Prometí a Elisa que iría al tanatorio. Me estaba vistiendo cuando sonó el teléfono. Era Alex que me invitaba al teatro. En ese momento ni siquiera lo pensé. ¡Hacía tanto tiempo que tenía ganas de salir con él! No volví a pensar en Elisa hasta un buen rato después, mucho más tarde, por la noche».

De nada sirve ser demasiado duro consigo mismo durante esta primera etapa. Todos hemos faltado a nuestros compromisos en un momento u otro. Por el momento, lo que importa es constatar los hechos tal como se han producido. No adornes nada, no banalices nada.

Luego, ponte en el lugar de la otra persona e intenta **adivinar** lo que pudo sentir cuando se dio cuenta de que no estabas a la altura de sus expectativas. ¿Era vergüenza, odio, decepción o cualquier otra emoción?

Acepta que haya podido sentir esa emoción, sean cuales sean las razones que te han llevado a actuar de esa manera.

❖ Isabel: «Es normal que Elisa se haya sentido decepcionada. Me había dicho que, desde hacía mucho tiempo había cortado los lazos con su familia y que le hubiera gustado mucho tener una amiga a su lado. Si me hubiera pasado lo mismo, mi decepción se habría transformado progresivamente en animosidad a medida que me hubiera dado cuenta de que mi amiga no tenía la intención de excusarse».

Ahora que has analizado la situación, es el momento de **confesarte**. Dile a la otra persona que quieres hablar un momento con ella, cuéntale tu versión de los hechos y dile que lo sientes. Es una etapa que exige humildad y autenticidad.

Por último, sugiere que te gustaría **reconciliarte** con ella. Expresa tu deseo de tener de nuevo la misma relación que teníais antes de que sucediera ese lamentable acontecimiento, pero deja que ella tome la decisión final. No estás en posición de imponer de nuevo ese orden de relación.

Pedir perdón no es fácil. En muchos casos, supone quitarse la máscara que llevamos y confesar nuestras debilidades, pero este gesto es tan liberador como el hecho de perdonar a otra persona, independientemente de que la persona herida acepte o no nuestras excusas.

❖

Perdonarse a sí mismo

Todos cometemos errores. Algunos se perdonan, otros los arrastran. ¿Podemos perdonarnos?

❖ Enrique había bebido demasiado. Cuando su novia le dijo que condujera más despacio, pisó el acelerador para reírse un poco. Cuando llegó a una curva, se dio cuenta de que no podía controlar el vehículo y frenó bruscamente. Cuando volvió en sí en el hospital al día siguiente, le dijeron que Julia estaba muerta. Todo eso pasó hace cinco años, pero Enrique no se ha repuesto todavía. No es ni una sombra de lo que era.

Es normal que te sientas culpable si has cometido un error que ha causado daño a otra persona, sean cuales sean las consecuencias. La culpabilidad te permite saber que has transgredido un principio que favorece la cohesión social. De hecho, esta reacción es muy sana.

Tradicionalmente, este sentimiento de culpabilidad se descargaba en el clero o en la colectividad. Una persona podía confesarse de un pecado, obtener una penitencia y ser absuelta. Un condenado podía ponerse en la picota, ser humillado públicamente durante cuatro o cinco días y volver a reintegrarse después en la sociedad; su falta estaba «pagada». Pero hoy día prima el individualismo y la sociedad ya no está en condiciones de exorcizar el sentimiento de culpabilidad.

Para poder perdonarse a sí mismo, hay que recordar los hechos tal como pasaron realmente. Si Lisa pudiera hacerlo se acordaría del contexto tan desfavorable que tenía para llevar a buen término su embarazo y su sentimiento de culpabilidad disminuiría.

También debemos poder comprobar que **hemos cambiado** desde que aconteció el hecho en cuestión. Enrique sabe que nunca más conducirá si ha tomado una copa.

Por último, hay que darse cuenta de que la vida es un recorrido que se consolida a base de pruebas y errores. El ser humano no lo sabe todo. A lo largo de su vida, aprende de sus logros repitiendo las acciones por las que ha sido recompensado y de sus errores evitando repetirlos. Es normal, e incluso benéfico para su aprendizaje, cometer errores. Continuarás resentido contigo mismo si, después de haberla pifiado, *no has aprendido nada.* Pero, has aprendido. Puedes dejar de alimentar tu sentimiento de culpabilidad.

Así saldrás ganando. Varios estudios han confirmado que el hecho de perdonar o pedir perdón, mejora la salud física y mental de los individuos. El resentimiento y la ira aceleran el envejecimiento; el perdón disipa estas dos emociones. Además, al sanear tu relación con los demás, refuerzas tu contacto con ellos.

Si, por el contrario, eliges no pedir el perdón que aliviaría tu conciencia, tienes tres posibilidades. Puedes esconderte, como hace Isabel desde hace casi un año; puedes protestar contra las circunstancias para minimizar el alcance de lo que has hecho o no; por último, puedes continuar alimentando el sentimiento de culpabilidad que te corroe. Cualquiera de estos comportamientos te impiden tener una visión positiva de tu pasado.

Es importante precisar que **perdonar no quiere decir olvidar.** No porque perdones a alguien que te ha traicionado, confiarás ciegamente en esta persona en el futuro. Perdonándola, aceptas conscientemente liberarla de su sentimiento de culpabilidad al tiempo que comprendes lo que este suceso te ha revelado sobre ella y sobre ti mismo.

CLAVE N.º 6

La sexta clave de la resiliencia es la **gratitud**. Si consigues experimentar esta emoción cuando piensas en tu pasado, ya eres más resiliente. Veamos algunos medios que te ayudarán a adquirir esta sexta clave.

¿Qué tipo de emoción sientes si te pido que me hables de manera bastante detallada de tu infancia, de tu recorrido profesional o de tu vida amorosa?

Tómate el tiempo necesario para entrar en contacto con tus emociones.

- Si sientes, sobre todo, ira y resentimiento, es que quizá debes perdonar a alguien. Busca en los cajones de tu memoria y determina de quien se trata.
- Si lo que sientes sobre todo es vergüenza y culpabilidad, quizá necesites que te perdonen, otra persona o tú mismo.

Vuelve a formular los acontecimientos difíciles o tristes de tu pasado, dándoles una connotación positiva. Esto es posible si esta situación te ha transformado realmente y has aprendido algo. Por ejemplo, durante mucho tiempo yo consideré negativo el hecho de que en 1991 un mundo que yo creía inmutable, se hundiera y me encontrara sin trabajo y sin ningún proyecto.

Ahora sé que, gracias a este acontecimiento, me hice escritor y conferenciante. Me estás viendo venir; actualmente, este acontecimiento me parece positivo.

❖ Isabel ve que la frialdad que existe actualmente entre ella y su amiga le ha permitido darse cuenta de la importancia que tiene la amistad y respetar la palabra dada. Vistos desde este ángulo, los hechos acaecidos a lo largo del año pasado le parecen más positivos. En lugar de acumular emociones negativas, Isabel termina por percibir dicho acontecimiento por lo que era; una ocasión de crecimiento personal.

❖ Carolina también puede llegar a esta conclusión: «Gracias a mi padre, me he dado cuenta de que la generosidad y el sentido de la responsabilidad son valores importantes para mí. También gracias a él, he tomado conciencia de que más vale mantenerse alejado de personas que sean tóxicas».

Cuando llegues a encontrar los aspectos positivos de los peores momentos que has pasado en tu vida, serás más resiliente. Pero hay un medio de hacer algo más para aumentar tu sentimiento de gratitud.

Continúa ahondando en tu pasado. Encuentra situaciones que te hayan aportado felicidad. Recuerda lo que sentiste en ese momento y entonces pregúntate por qué lo has olvidado. Acuérdate de la gente que te ha ayudado y ha contribuido a dar forma al ser humano que eres actualmente.

Quizá un profesor te hizo descubrir una faceta importante de tu personalidad. Un amigo pudo apoyarte en un periodo difícil de tu vida. Quizá algún pariente reiteró la confianza que tenía en ti muchas veces.

Esas personas merecen tu gratitud. No estaban obligadas a ayudarte. Te has encontrado en su camino y ellas te han ayudado a crecer o te han mostrado que te aceptaban tal como eras. Gracias a ellas, tu vida es mejor. Estás en deuda con ellas.

Recuerda también tus momentos buenos, todas las veces en que te has superado y en las que tú mismo te has sorprendido por tu ingenio, tus palabras, tu valor, tu creatividad y tu actitud positiva. Tómate el tiempo necesario para contarte estos acontecimientos como si hablaras con un tercero. Insiste en el aspecto heroico del personaje principal. Sorpréndete al darte cuenta de que, en esa ocasión, supiste distinguir bien las cosas y consideraste que esos incidentes no eran algo aislado.

El recuerdo de estos episodios debería despertar en ti una cierta serenidad y un sentimiento de orgullo legítimo. El valor que tienes ante las dificultades debería haber mejorado con esto y tu confianza en tu persona debería seguir esa misma dirección.

Tu pasado ha volado. Sólo existe en tu cabeza. Puedes cambiar el tono y el ambiente, seleccionando las escenas que prefieres o visualizándolas a partir del ángulo que elijas.

Gratitud. Orgullo. Serenidad. Si puedes sentir estas tres emociones cuando eches una ojeada a tu pasado, realmente habrás hecho las paces con él. Ahora estás mejor preparado, como veremos en el próximo capítulo, para aumentar tu sentimiento de felicidad personal.

7

Aumenta tu sentimiento de felicidad

*La felicidad es continuar deseando lo
que poseemos.*

SAN AGUSTÍN

*La felicidad se encuentra en todo tipo
de talento.*

HONORÉ DE BALZAC

*L*a Real Academia define la felicidad como el estado del ánimo que se complace en la posesión de un bien. Según esta definición, una persona que no es infeliz no es forzosamente feliz. Podemos encontrarnos fácilmente en una posición neutra en el *continuum* infelicidad-felicidad. Si te subo la moral cuando te sientes desgraciado, te llevo simplemente al estado neutro. Disminuyo tu sufrimiento sin aportarte por ello los beneficios de la felicidad. Sin embargo, estos son múltiples.

En el plano físico, las personas felices disponen de más energía y tienen mayor resistencia al estrés. Están menos sujetas a la enfermedad y su esperanza de vida es más larga. Esta energía suplementaria impulsa a la gente feliz a fijarse objetivos más ambiciosos y a abordarlos con optimismo. En consecuencia, tienen un buen rendimiento en el trabajo y, por lo general, están mejor evaluados que sus homólogos.

En el plano interpersonal, son más abiertos con los demás y están más preparados para comprenderlos o movilizarlos. En cuanto a las personas infelices, están más acostumbradas a encerrarse en sí mismas.

En el plano social, las personas felices tienen más facilidad para atraer a la gente y para construirse una red de contactos que les apoye en caso de dificultad. Normal: la gente prefiere la compañía de aquellos que provocan en ellos emociones positivas y eso es precisamente lo que hacen las personas felices.

¿Podemos elegir conscientemente volvernos más felices? Parece que sí.

La ecuación de la felicidad

Hace relativamente poco tiempo que los científicos se interesan en la gente feliz. Hasta ahora, la investigación se ha interesado más en las personas depresivas y enfermas. Martin Seligman, antiguo presidente de la American Psychological Association (APA), es una de las figuras relevantes de la **psicología positiva,** esa rama de la psicología cuyo objetivo es hacer pasar a la gente del punto neutro a un punto positivo en el continuum infelicidad-felicidad. En su obra titulada *Authentic Happiness,* propone la siguiente ecuación para evaluar el nivel de felicidad de un individuo.

$$SF = NNF + C + FC$$

| Sentimiento de felicidad | = | nivel natural de felicidad | + | circunstancias | + | factores controlables |

En este apartado, vas a centrarte en esta ecuación y a preguntarte cómo puedes aumentar, cada día, tu sentimiento de felicidad. Comencemos por mirar más de cerca las tres variables situadas a la derecha de la ecuación.

NNF: tu nivel natural de felicidad

La propensión a la felicidad es, en parte, de origen genético. Cada uno de nosotros ha recibido, al nacer, una válvula interna que le asegura un umbral mínimo y un umbral máximo de felicidad.

El principio es el mismo que para la voz. Algunas personas están dotadas de un gran registro vocal, otras no. Algunas tienen un timbre grave, otras lo tienen agudo. Haciendo ejercicios de vocalización, es posible ampliar el espectro de la voz, pero es imposible cambiarlo por completo.

Esto viene a decir que, probablemente, existen personas que siempre serán más felices que tú y que, incluso en la desgracia, sentirán un grado de felicidad superior al que tú sientes cuando todo va bien. Y al contrario, existen personas que siempre serán más infelices que tú y que, incluso en una situación más envidiable que la tuya, no llegarán a alcanzar tu nivel natural de felicidad. El nivel natural de felicidad es una constante en la ecuación del sentimiento de felicidad: sus límites están fijados genéticamente. Por suerte, tienes poder sobre otros elementos.

C: las circunstancias

Esta segunda variable se refiere a los diversos parámetros que colorean tu vida. Seligman presenta ocho de
ellos: la situación financiera, el estatus matrimonial, la
edad, la salud, el nivel de educación, el sexo, el nivel
de inteligencia y las creencias religiosas.

Parece que, a medio y largo plazo, la situación financiera tiene poco impacto en el sentimiento de felicidad. Hay gente rica desgraciada, gente pobre desgraciada, gente rica feliz y gente pobre feliz.

Un estudio ha demostrado incluso que a los que les
toca el gordo de la lotería se encuentran, un año después, en el mismo nivel de felicidad que el que sentían
antes de haber ganado.

¿No estás de acuerdo? ¿Te dices que serías mucho
más feliz si obtuvieras un buen aumento de sueldo? En
cierto sentido, no te equivocas. Veamos lo que se produce cuando obtienes un aumento salarial.

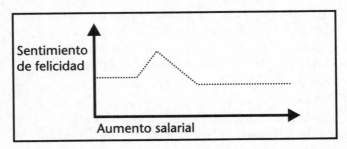

Antes del aumento salarial, tu sentimiento se sitúa
en tu nivel natural (la constante NNF de la ecuación).
Cuando sobreviene el aumento, tu sentimiento de felicidad sube de golpe y luego desciende lentamente hasta que vuelve a su nivel natural.

Esto es lo mismo que decir que para que tu situación financiera aumente realmente tu sentimiento de felicidad, tendrías que obtener aumentos de sueldo regularmente hasta el final de tus días.

Esta lógica se aplica también a los reveses financieros. La persona que se encuentra sin empleo y está obligada a aceptar un trabajo peor pagado será menos feliz durante un cierto tiempo, después encontrará poco a poco su nivel natural de felicidad.

Las personas que están en pareja (o los que gozan de un buen apoyo por parte de sus contactos sociales) presentarían como media un sentimiento de felicidad superior a las personas que están solas. Ningún otro factor tiene tal impacto. La adquisición de bienes, por ejemplo, no da más que un impulso efímero.

¿Puedes aumentar tu sentimiento de felicidad influenyendo en la variable C de la ecuación? Parece que sí, pero debes saber que este efecto será **temporal**.

FC: factores controlables

La tercera variable se refiere a la manera en que abordas la vida y a los medios que utilizas para vivir plenamente. Para Seligman, esta variable engloba tres aspectos: tu visión del pasado, tu capacidad para aprovechar el momento presente y tu mirada sobre el futuro. Si tomas firmemente la decisión, estás en condiciones de mejorar de manera definitiva tu sentimiento de felicidad actuando sobre esta variable.

Por ejemplo, en el capítulo anterior hemos tratado de lo importante que es hacer las **paces con nuestro pasado**. También hemos insistido en la necesidad de desarrollar un sentimiento de gratitud, sentimiento que hemos presentado como la sexta clave de la resiliencia. Sin este sentimiento de gratitud, te sentirás inclinado a alimentar tu resentimiento en el momento presente y también a temer el futuro.

En el próximo capítulo trataremos de la importancia de **mirar el futuro positivamente.** Aprovecharemos para presentar el optimismo como la octava clave de la resiliencia. El optimismo se construye a partir de un fuerte sentimiento de control del presente.

Por el momento, **concentrémonos en el presente,** esa realidad evanescente que cambia a medida que se desgranan los segundos.

¿Qué puedes hacer para que tu anclaje en el presente aumente el sentimiento de felicidad que tienes cada día, de manera definitiva?

Intentaremos descubrirlo desde ahora hasta el final del capítulo.

Por el momento, recuerda que si actúas sobre la variable C, obtienes un efecto momentáneo, mientras que si actúas sobre la variable FC, puedes lograr modificar ostensiblemente tu visión del mundo y tu sentimiento de tener un papel que jugar.

La carrera hacia la felicidad instantánea

Uno de los errores más corrientes actualmente, es creer que la felicidad puede depender de las *circunstancias* de la vida (la variable C de la ecuación). Cada vez se educa más temprano en ese sentido. Veamos algunos ejemplos.

138

❖ El pequeño Carlos está deseando que llegue el fin de semana porque estará por fin con sus padres. No es que no le guste ir al CPE (curso preparatorio elemental) pero añora a su familia. Todavía no sabe que su madre no estará en casa ese fin de semana y que, para compensarle, le ha comprado un juego para su consola. El pequeño Carlos aprende lentamente que un juego de vídeo puede compensar la ausencia de un pariente querido.

❖ El mes de octubre está en su apogeo y el marido de Carla acaba de salir de casa con algunos amigos para ir a su partida de caza anual. Carla se siente abandonada y la tristeza la invade. Para compensar, llama a una amiga para ir de compras. Carla espera sentirse mejor comprando un vestido.

❖ Daniel arrastra constantemente el sentimiento de no estar suficientemente pagado y de que le subestiman. Para compensar ese sentimiento, pasa sus noches y fines de semana bebiendo cerveza y fumando algunos porros. Durante esos momentos, llega a olvidarse de quien es, pero cuando vuelve a estar sobrio y tiene que salir de casa para ir al trabajo, todo vuelve a su memoria.

❖ Juan se complace seduciendo a las mujeres. Cuando ya no siente la excitación de la conquista, deja a la mujer que ha sucumbido a su encanto y comienza a buscar una nueva «pelandr~ ~l término es suyo).

❖ Marcela ha decidido cambiar el mo~ salón y el televisor porque siente u~ en su vida. Los instaladores acaba~

casa, pero Marcela no se siente más feliz. Piensa que no ha elegido bien el televisor. Llamará al vendedor por la tarde y le pedirá que le lleve un modelo de pantalla plana.

Todas estas personas buscan un remedio milagro para su estado de malestar. Para ellas, la ecuación de la felicidad se limita a SF = C. En consecuencia, intentan mejorar definitivamente su sentimiento de felicidad recurriendo a soluciones **efímeras**.

Es muy posible que esta búsqueda de felicidad instantánea explique que, a pesar de la mejoría general del nivel de vida, el número de personas depresivas haya aumentado tanto a lo largo de los últimos diez años. La gente se ha «enganchado» a la gratificación instantánea, condenándose como los yonquis a una vida hecha de altos y bajos, siendo los altos cada vez más costosos a medida que pierden su poder gratificante.

Si los tres televisores que ya tienes no te han colmado, es probable que el comprar un cuarto no te proporcione más que una alegría pasajera. El aumento duradero de tu sentimiento de felicidad tiene que pasar **por otra cosa**. Y tú tienes la responsabilidad de encontrar esa otra cosa.

CLAVE N.º 7

La **autenticidad** constituye la séptima clave de la resiliencia. Ser auténtico es concentrarse en ser uno mismo a pesar de las presiones a las que nos somete constantemente nuestro entorno. Es descubrir quienes somos y vivir nuestro presente en función de este descubrimiento. Para llegar a ello, te propongo **4 herramientas.**

1. *Vive conscientemente*

La mayoría de la gente con la que te cruzas cada día, viven en piloto automático. Se han perdido de vista. Ni siquiera son conscientes de respirar o de estar presentes. Apenas saborean los alimentos que se llevan a la boca. Se activan cuando el radiodespertador suena por la mañana y se paran, agotados, al final de la noche. Durante todo el día han estado corriendo. Han estado ocupados. Pero no tienen la impresión de haber progresado.

Estas personas toman sus decisiones de la misma forma maquinal en la que viven. Los manipuladores pueden imponerles sus ideas fácilmente y con frecuencia se dejan utilizar por su entorno.

¿Qué ocurre cuando consumes lo mismo que todo el mundo, cuando votas sin cuestionarte nada, cuando eliges una profesión por la influencia de tus padres o cuando escuchas distraídamente el CD del último artista de moda? Pierdes contacto con lo que realmente eres. Haciendo esto, pierdes de vista todos los parámetros que deberían guiar tus decisiones y tus actos. Te conviertes en un autómata. Te conviertes en **cualquier otra persona.**

Vivir conscientemente constituye la primera etapa para aprender a apreciar el momento presente. Comienza por desarrollar la capacidad de centrarte en cualquier momento y darte cuenta de que, no solamente formas parte del universo, sino que **es tu lugar.** Tienes todo el derecho del mundo a ocupar el espacio que ocupas actualmente y, quieras o no, ejerces un determinado impacto sobre el mundo.

Vivir conscientemente es dar un destino a tu vida precisando los objetivos que te permitan desarrollar el sentimiento de haber logrado algo.

Sin objetivos personales, nos encontramos sacudidos por los acontecimientos; no podemos avanzar. Somos como un tapón de corcho flotando en la superficie de un lago.

Vivir conscientemente es tomar decisiones diariamente, pesando los pros y los contras y preguntándose qué forma de actuar nos acerca más a la realización de nuestros objetivos al tiempo que respeta nuestros valores personales. Por último, vivir conscientemente es darse cuenta de quiénes somos y aprender a apreciarlo.

2. Descubre lo que te hace vibrar

No puedes vivir de manera auténtica si no te das cuenta de quien eres realmente. No eres un individuo medio cuyas opiniones y valores corresponden a los resultados de sondeos efectuados a nivel popular. Eres una persona única y tienes un conjunto de cualidades y valores únicos.

Vuélvete brevemente hacia tu pasado y recuerda los momentos en que te has sentido más orgulloso de ti mismo, los momentos en los que te has sentido colmado y los momentos en los que te has comprometido hasta tal punto en un trabajo que has perdido la noción del tiempo. Después responde a las siguientes preguntas:

- ◆ ¿Por qué te sentías tan orgulloso de ti en ese momento?
- ◆ ¿Qué es lo que te hacía vibrar?
- ◆ ¿Por qué te sentías tan colmado?
- ◆ ¿Qué era tan interesante en ese trabajo que te absorbía por completo?

Después, rodea en la tabla siguiente, los tres o cuatro valores que corresponden a lo que acabas de descubrir de ti mismo. No dudes añadir valores si te hacen vibrar y no están en la lista. No olvides que eres **único**; tu lista no tiene por qué parecerse a la del vecino.

Realización	Compasión	Seguridad
Ambición	Competencia	Seguridad
Amistad	Conocimiento	financiera
Amor	Cooperación	Tranquilidad
Aprendizaje	Creatividad	Felicidad
Autenticidad	Familia	Comodidad
Autonomía	Fidelidad	Valor
Autoridad	Generosidad	Desafío
Aventura	Amabilidad	Compartir
Eficacia	Gloria	Placer
Equidad	Justicia	Poder
Excelencia	Libertad	Prestigio
Armonía	Ley	Progreso
Independencia	Lealtad	Respeto por
Integridad	Modestia	la vida
Inteligencia	Perseverancia	Respeto de
Optimismo	Calidad de vida	uno mismo
Detallista	Reconocimiento	Respeto por
Valentía	Éxito	los demás
Carrera	Salud	Tradición

Luego, pregúntate qué talentos especiales utilizabas cuando te sentiste tan orgulloso, tan bien o cuando te comprometiste tanto en un trabajo que perdiste la noción del tiempo. Esos talentos son los que utilizas naturalmente, los que corresponden a tu propia esencia.

3. Integra lo que te hace vibrar en tu vida

Sabiendo ya lo que te hace vibrar y lo que te impulsa a apreciar la vida, deberías estar en condiciones de mejorar el bienestar que sientes cada día. ¿Cómo? Multiplicando las ocasiones en las que puedes utilizar tus talentos y respetar tus valores. Veamos algunos ejemplos.

❖ Manuel se aburría en su trabajo de responsable de compras. Desde que se ha responsabilizado del boletín informativo de la empresa donde trabaja, puede colmar su necesidad de reconocimiento al tiempo que utiliza uno de sus talentos (la creación literaria) que hasta ese momento había quedado relegado. Manuel nunca había apreciado tanto su trabajo.

❖ Juan Antonio aprecia su trabajo, pero le gustaría también tener la impresión de ayudar a los demás. Esta es la razón por la que ha decidido colaborar como voluntario en los almuerzos populares de su región. Lo hace los fines de semana para que su trabajo no salga perjudicado.

❖ Mayte ha decidido explotar su creatividad profundizando en su manejo de las artes culinarias al tiempo que da una gran satisfacción a su familia. Todos los domingos por la tarde, los miembros de la familia se preguntan lo que les va a servir. Mayte pasa la semana planificando lo que pondrá de comer a las personas que ama durante esa velada.

❖ Julian no podía trabajar más para un jefe que no tenía en cuenta la satisfacción de la clientela y entregó su dimisión. Ahora trabaja en una empresa que comparte sus ideales. Julian duerme mejor por las noches y se siente orgulloso de lo que hace.

Estos talentos y estos valores representan lo que **realmente** eres. Si puedes integrarlo en tu día a día, te vuelves auténtico. Ya no te contentas con representar un papel. Por fin eres tú mismo y permites que los demás vean quien eres realmente.

4. Saborea el momento presente

Tempus fugit (el tiempo se va), decían los romanos. Es verdad que, con mucha frecuencia, dejamos pasar el tiempo sin saborearlo. Ahora bien, una buena manera de mejorar el bienestar que sentimos consiste en **saborearlo mientras pasa.** ¿Cómo?

■ *Comienza por recurrir a todos tus sentidos.* El momento presente es tuyo y lo desperdicias si lo vives sin sentirlo. ¿Qué ocurre actualmente a tu alrededor cuando estás leyendo? ¿Quién está cerca de ti? ¿Cómo te sientes? ¿Escuchas música? Vives un momento único que no volverá nunca más. No lo dejas pasar antes de haberlo captado con todos tus sentidos.

■ *Comparte ese momento.* No dudes en decir a la gente que te rodea hasta qué punto es agradable el momento que paseáis juntos. Dales gracias por su presencia. Comparte sin dudar con un amigo un libro que te ha gustado o un comentario que te ha hecho vibrar. Actúa de manera que las personas que te rodean sientan que no son simples comparsas en tu vida. Ayúdales a tomar conciencia de que ellos también están vivos. A cambio de esto, te apreciarán más.

■ *No te critiques.* Lo que realmente sientes te pertenece. ¿Te parece que una compañera sea especialmente encantadora y un compañero más bien aburrido? No tienes por que ocultarte de esos sentimientos. Acéptalos tal como vienen a tu conciencia y pregúntate **por qué** se presentan así. Quizá esa compañera te recuerda algo de tu juventud; ese compañero puede tener los mismos tics verbales que uno de tus antiguos profesores. Descubre lo qué se esconde detrás de tus sentimientos en lugar de ignorarlos.

■ *Haz fotografías mentales.* Si un acontecimiento te resulta especialmente agradable, haz una pausa y después, mentalmente, fotografíalo para alimentar el sentimiento de gratitud que quieres cultivar de cara a tu pasado. El simple hecho de decirte que vives un instante que merece la pena memorizar, te lo hará apreciar más y hará que aumente un poco más tu sentimiento de felicidad.

❖ *Descubre los diamantes que se ocultan en esta vida infame donde no hay nada que te guste.* No todo lo que pasa durante el día es siempre agradable. Quizá tienes que conocer a personas que no aprecias o debes realizar tareas que delegarías con gusto. Cada vez que esto se produzca, en lugar de quejarte, intenta encontrar el lado positivo de esa situación. Ese cliente desagradable está ahí para hacerte más fuerte. Esa tarea ingrata te ha sido confiada porque eres el mejor para llevarla a cabo. Ese cuñado te ha sido impuesto porque el universo encontraba injusto que hayas conquistado el corazón de una mujer tan excepcional como la que está contigo desde hace ocho años. Puedes encontrar el lado positivo a cualquier situación por muy desagradable que ésta sea.

❖ *Entra de lleno en momentos placenteros.* Si tienes un momento especialmente agradable, no dejes que tu C.A. lo contamine explicándote que deberías trabajar, que tendrías que hacer otra cosa o que no es sano gozar tanto. Sumérgete en ese dulce placer. Ya tendrás tiempo para pensar en otra cosa mañana.

❖ *Sé consciente de tus logros.* No dejes de felicitarte cada vez que tus actos te acercan a realizar tus objetivos al tiempo que respetan tus valores. Haz lo mismo cada vez que hagas todo lo posible por satisfacer a alguien que te importa mucho. ¿Por qué esperar a que los demás se den cuenta de tus éxitos? Quizá ese momento no volverá nunca más. Adelántate y lleva tú mismo un diario con los objetivos que has realizado. Conviértete en tu biógrafo oficial y felicítate cada vez que te comportes de manera ejemplar.

Con el tiempo, terminarás casi por apiadarte de los que tienen que gastar o endeudarse para aumentar su sentimiento de felicidad. No necesitas realizar ninguna inversión financiera para realizar los gestos que te permitan apreciar el presente. Sólo necesitas abrirte al mundo y desear utilizar tu talento respetando al mismo tiempo tus valores.

Si aspiras a la autenticidad, entrarás en contacto con la persona que eres realmente y te comprometerás a actuar de acuerdo con ella. Esto puede exigirte que cambies algunas costumbres o que te cuestiones tu trabajo o tu relación de pareja.

Una advertencia: **ser auténtico no quiere decir perder la capacidad de autocensura.** No tienes por qué decir todo lo que piensas a aquellos que te rodean. Tampoco estás eximido de ser diplomático con ellos. Aprende a apreciar a los demás tal como son y si te exaspera algún comportamiento, expresa tranquilamente y con cuidado tus sentimientos y expectativas.

La felicidad no se compra; se construye. Aprovéchala cuando pase en lugar de contarte que antes era mucho mejor, o de creer que, más tarde, será mejor. Si aprendes a apreciar más el momento presente, aumentarás tu sentimiento de felicidad de manera permanente.

8

¿El vaso medio vacío
o medio lleno?

Así como es necio el optimismo simplista, el que va acompañado de esfuerzo para salir de dificultades, sufrimientos, lesiones funcionales y orgánicas, es legítimo.

LÉON DAUDET

Todo llega en el momento oportuno para quien sabe esperar, siempre que trabaje sin parar mientras espera.

LÉON DANCO

¿Cómo decides? Si no lo haces mecánicamente siguiendo los IFO (Tengo que…) grabados en tu mente (ver capítulo 3), así es como procedes: evalúas las probabilidades de éxito de cada una de las opciones posibles y eliges la que presenta el menor riesgo. Si no hay ninguna opción que tenga probabilidades de éxito, decides no hacer nada hasta tener más información. ¿Es eso?

Para las personas que tienen tendencia a ver el futuro negro, esta manera de hacer tiene muchos inconvenientes porque, sistemáticamente, subestiman las posibilidades de éxito de todas las opciones y, con mucha frecuencia, corren el riesgo de no llegar a decidir. El temor las paraliza. Incluso si han hecho las paces con su pasado y saben aprovechar el momento presente, dudarán cuando quieran ejecutar proyectos personales porque les dará miedo el futuro. Al final, no realizarán más que una pequeña parte de lo que hubieran podido realizar y se sentirán resentidas y apesadumbradas.

Las personas resilientes ven el vaso medio lleno cuando piensan en el futuro: tienen confianza, esperanza, optimismo y cierta exaltación. Las personas poco resilientes ven el vaso medio vacío: sienten temor, pesimismo y prevén una crisis inminente.

Para ser más resilientes, hay que desarrollar el **optimismo**. Esta emoción refuerza el sistema inmunitario. Nos ayuda a afrontar mejor las situaciones dramáticas que inevitablemente vivimos y nos impulsa a emprender proyectos que permiten que nos realicemos. ¿Cómo puedes tú también aprovechar estos beneficios?

Tu manera de interpretar las situaciones

Quizá no lo sabes, pero es posible programar a un ser vivo para que se vuelva pesimista u optimista. Por ejemplo, algunos científicos colocaron a un perro en una jaula por la que hacía pasar la corriente a intervalos regulares. Al cabo de cierto tiempo, el pobre animal terminó por sentirse tan impotente que continuó sufriendo choques eléctricos incluso después de abrirle la puerta de la jaula. Se había vuelto pesimista y no encontraba ninguna salida a esa situación. En consecuencia, ni siquiera lo intentaba.

Este sentimiento de impotencia (o de incapacidad para actuar sobre sí mismo, sobre los demás o sobre los acontecimientos) es una característica de los pesimistas. Estos últimos terminan por interpretar el mundo como un universo que se les escapa, que deben soportar y sobre el que no tienen ningún poder.

¿Y tú, cómo interpretas el mundo? ¿La interpretación que haces de él te ha hecho optimista o pesimista? ¿Crees que puedes cambiar la visión que alimentas cada día sobre tu futuro? Voy a ayudarte a descubrirlo haciéndote dos preguntas inspiradas en el trabajo de Martin Seligman, antiguo presidente de la Asociación Americana de Psicología.

¿Cómo reaccionas cuando las cosas van bien?

Supongamos por un momento que la persona a la que has pedido que te acompañe al cine te haya respondido inmediatamente de forma afirmativa. O que tu proposición haya sido aprobada por el consejo de administración. O que un cliente haya decidido comprar tu producto sólo unos minutos después de comenzar tu presentación. O que hayas hecho muy bien un examen y esperes una nota excelente.

Tómate un tiempo y piensa o que pasaría por tu cabeza si se produjeran estas situaciones. Cuando lo hayas hecho, continúa leyendo.

Existen dos dimensiones que permiten determinar si formas parte del campo de optimistas o del de los pesimistas. La primera dimensión es la **permanencia**, es decir el sentimiento de que esa situación agradable se repetirá seguramente a lo largo del tiempo. Veamos un ejemplo.

> **Situación:** El examen que temías te ha salido muy bien y esperas una nota casi perfecta.

Permanencia en el optimista	**Permanencia en el pesimista**
«Lo tengo. Es como si las respuestas me vinieran espontáneamente durante el examen. Realmente he elegido unos estudios perfectos para mí.»	«He estudiado mucho y el examen era fácil. Estaría bien si esto pasara más a menudo.»

El optimista supone que la causa del feliz acontecimiento es permanente, es decir que siempre se repetirá automáticamente. El pesimista supone que ha tenido suerte y que no puede fiarse de este resultado para el próximo examen. Cree que la causa de ese feliz acontecimiento es puntual.

La segunda dimensión del optimista es su facultad de **propagación**. Para los optimistas, la llegada de un acontecimiento feliz es el signo de que tendrán éxito también en otros aspectos de su vida. Para los pesimistas, las causas de los acontecimientos felices no se transmiten necesariamente a otras situaciones.

El optimista tiene tendencia a atribuirse la credibilidad de sus logros, mientras que el pesimista piensa que las circunstancias han estado o no a su favor. En resumen, el optimista piensa que es el responsable de esas situaciones dichosas y el pesimista supone que todo ello se debe al destino.

Situación: La persona a la que le has pedido que te acompañe al cine, te ha respondido que sí de inmediato.

Facultad de propagación en el optimista	Facultad de propagación en el pesimista
«Soy encantador. Las personas me aprecian por mi mismo.»	«Ella se siente tan sola como yo. Esto no quiere decir que otra persona hubiera aceptado.»

¿Cómo reaccionas cuando las cosas van mal?

Supongamos por un momento que la persona a la que has pedido que te acompañe al cine, te haya respondido inmediatamente no. O que el consejo de administración haya rechazado tu proposición. O que, finalmente, el examen que temías te haya salido tan mal que esperes una nota desastrosa. Tómate de nuevo el tiempo que necesites para pensar en lo que te vendría a la cabeza si se produjeran esas situaciones. Cuando lo hayas hecho, sigue leyendo.

Cuando las cosas van mal, entran en juego las mismas dos dimensiones antes citadas (la permanencia y la facultad de propagación), pero, esta vez, la interpretación cambia por completo.

> **Situación**: El examen que tanto temías te ha salido muy mal y esperas una nota desastrosa.
>
> | **Permanencia en el optimista** | **Permanencia en el pesimista** |
> |---|---|
> | «Este examen era especialmente difícil.» | «No estoy hecho para los estudios.» |

Observa el impacto que tendrá la interpretación del pesimista: a causa de una mala nota, corre el riesgo de descuidar las demás asignaturas. El optimista supone que es *este* examen el que era difícil y no cree que esta mala nota traerá otras iguales.

Veamos como se traducirá la facultad de propagación respecto a un fracaso.

> **Situación**: La persona a quien has pedido que te acompañe al cine te ha respondido que no le interesaba.
>
> | **Facultad de propagación en el optimista** | **Facultad de propagación en el pesimista** |
> |---|---|
> | «No me aprecia tanto como quisiera.» | «Nadie me aprecia. No soy una persona con la que la gente quiera relacionarse.» |

En este caso, el optimista interpreta el rechazo de una manera más restringida que el pesimista. Para este último, un «no» supone que nadie querrá nunca más

156

aceptar sus invitaciones. El optimista no estima que este rechazo deba *generalizarse*.

Podríamos decir que el optimista tiene tendencia a generalizar (tanto respecto al tiempo como respecto a los demás aspectos de su vida) cuando las cosas salen bien mientras que el pesimista generaliza cuando las cosas van mal. El optimista minimiza el impacto de las situaciones negativas mientras que el pesimista lo generaliza.

Según estos ejemplos, adivinarás que hay dos ventajas si se desarrolla el optimismo. Yo te presento tres:

- El optimista no se paraliza tras un fracaso porque no piensa que éste tenga que repetirse otra vez (permanencia en el tiempo) ni que vaya a anular otros aspectos de su vida (facultad de propagación). Simplemente continúa viviendo como lo hacía antes de que sobreviniera esa situación negativa.
- El optimista se anima con los logros. Se imagina que un logro va a repetirse otra vez o que afectará directamente a otras áreas de su vida. Cada éxito le moviliza más y le impulsa a aceptar otros retos.
- La interpretación del optimista no es forzosamente más válida que la del pesimista, pero sus efectos son, con diferencia, mucho más interesantes.

Los estudios hechos tienden a mostrar que al optimista le afecta menos la enfermedad, que vive más tiempo y que le es más fácil conservar una red de amistades satisfactoria. Son los optimistas quienes innovan y se lanzan en proyectos a pesar de que haya escasas probabilidades de éxito. Son ellos los que conforman el mundo incluso si, a veces, ¡tienen tendencia a poner nerviosos a los pesimistas!

Por el contrario, el optimismo simplista es peligroso porque puede ser malsano lanzarse a un combate perdido de antemano. Conserva el equilibrio en lo que haces.

Mejora tu visión del futuro

¿Has dicho alguna vez (o has querido decir) a algún amigo que debería ser más optimista y dejar de verlo todo negro? Es un consejo más fácil de dar que de poner en práctica. La persona negativa es muy competente en el negativismo. No sirve de nada decirle que se transforme en optimista. ¡No sabría por donde empezar!

Para cambiar nuestra manera de ver el mundo, hay que actuar sobre comportamientos que sean **más fáciles de modificar.** Este mecanismo es tu manera de expresarte, la forma en que te explicas a ti mismo cómo funciona el mundo.

Como ya hemos visto, el optimista interpreta las situaciones actuales para que le den confianza, esperanza y cierto sentimiento de exaltación de cara al futuro. Puedes desarrollar esta faceta de tu personalidad cambiando la manera en la que te expresas, tanto interna (con tu C.A.) como externamente (con las personas con las que te relacionas día a día).

Modificando tu lenguaje, cambiarás tu percepción del mundo, lo que sientes y tu visión del futuro. Puedes llegar a ello adoptando **6 nuevas costumbres.**

1. Sé inclusivo

¿Tienes tendencia a ver más lo que falla en una situación que lo que tiene de agradable? Por ejemplo, más que apreciar el buen *picnic* que tomas en familia, te concentras en el hecho de haber olvidado el vino o en que hace peor día de lo previsto. En lugar de decir lo que te ha gustado en una película, te cebas excesivamente hablando del divorcio del actor principal.

La primera costumbre que tienes que desarrollar para volverte más optimista es utilizar un lenguaje inclusivo. Cuando describas una situación, ten la costumbre de mencionar lo que has apreciado y no lo que fallaba para que tu entusiasmo fuera completo. Si no puedes adoptar un lenguaje totalmente inclusivo, asegúrate de mencionar **tanto los puntos positivos como negativos.** Recuerda tu infancia, ese periodo bendito en el que no buscabas los peores detalles de todas las situaciones que vivías. Puedes revivir esos momentos.

Si lo necesitas, contrata a un tutor. Pide a una persona que conozcas bien que te diga exactamente cómo te expresas. Dile que, cada vez que tu lenguaje sea exclusivo, te lo advierta y reformula tus palabras cada vez que esto suceda.

Al principio vas a sentirte irritado por esta persona, pero, tras una decena de días, habrás adquirido nuevas costumbres. Lo que importa es que te concentres en el objetivo.

2. Encuentra cualidades en las personas que te rodean

La manera en que tratas a la gente que te rodea tiene también un impacto en tu mente. Inconscientemente, puede que busques lo que te molesta en la gente que conoces con la esperanza de valorarte.

Durante un mes, haz lo contrario. Encuentra puntos comunes con las personas que conozcas. Descubre razones para hacerles cumplidos. Abórdalas suponiendo que son simpáticas. Intenta descubrir cómo podrían contribuir a hacer que tu vida sea mejor y lo que puedes aportarles.

Observarás inmediatamente que tendrán una actitud diferente contigo. De hecho, los encontrarás más simpáticos. Esto no tardará en influir en tu visión del futuro; es normal tener más confianza en el mañana cuando se puede contar con una red de contactos sólida y solidaria. Si ves a las personas que te rodean como **colaboradores potenciales,** reducirás el riesgo de tener conflictos en el futuro.

Esto no quiere decir que tengas que cerrar los ojos ante un enemigo potencial (algunas personas son realmente tóxicas o peligrosas) o ante las debilidades de los demás. Simplemente, intenta ver sus cualidades más que concentrarte en sus aspectos más negativos.

3. No te provoques miedo

Si algún miembro de tu C.A. interno intenta darte miedo para empujarte a algo, exígele que reformule su enunciado para que te presente un beneficio posible.

Por ejemplo, supongamos que eres un hombre y estás en un bar. Es casi media noche y no sabes si abordar a una dama que está visiblemente sola. Un miembro de tu C.A. interno te dice entonces: «Si no le hablas vas a volver sólo a casa. Sólo como un perro. También esta noche».

Observa cómo puede desmotivarte este lenguaje. A menos que seas un político, no tienes que suscitar miedo para comunicar tu punto de vista. Exige un mejor enfoque, como: «Si abordas a esta persona, puedes tener la posibilidad de conocer a alguien interesante». ¿Ves la diferencia?

¿Qué efecto tendrá este enunciado una vez reformulado? No es complicado: hará que te sientas un ganador, que la dama en cuestión te responda con una gran sonrisa o que te envíe a paseo. Has tenido la posibilidad de aprender a conocerla. Y sabes más sobre ella de lo que sabías ayer.

Recuerda también y especialmente si eres un ejecutivo o si tienes hijos, que un enunciado positivo tiene más posibilidades de llegar a la mente de una persona que una amenaza. A nadie le gusta que lo amenacen. El miedo conlleva resentimiento y animosidad.

4. Aprende a aceptar cumplidos

¿Te sientes incómodo cuando te hacen un cumplido o cuando te dan las gracias? ¿Reaccionas minimizando tu contribución? Veamos algunos ejemplos con tales respuestas.

◆ «No es nada. Es mi trabajo».

- «¡Bueno! Es sólo un viejo vestido que he encontrado en mi armario…».
- «¡Vamos hombre!, ¡ahí no hay nada!».

¿Qué pasa cuando rechazas un cumplido o un agradecimiento? Por una parte, haces sentir a la persona que te hace ese cumplido o que te da las gracias que **su opinión no vale nada.** Al hacer esto, alteras la calidad de tu relación con ella.

Por otra parte, **disminuyes tu propio valor.** Si forma parte de tu trabajo ayudar a esa persona, su agradecimiento significa que lo has hecho bien. Si ese vestido te va bien, poco importa el tiempo que tenga, te hace más guapa. Si la persona ha querido mostrar su gratitud, es que ha apreciado tu intervención.

Recibe esos signos de aprecio por lo que son: un reconocimiento del valor que tienes a los ojos de los demás. Quédate con el mensaje y di simplemente «gracias». La otra persona estará contenta por haber compartido su opinión y tú tendrás mayor autoestima. Los dos saldréis ganando.

5. Descubre los tesoros ocultos en las crisis

Cuando estamos en crisis o cuando los proyectos no marchan como habíamos previsto, a menudo queremos encontrar un chivo expiatorio. ¿Pero, es la manera de cultivar el optimismo?

¿Cómo reaccionas cuando sobreviene una crisis? La mayoría de la gente quiere: atacar buscando alguien a quien poder censurar, o encerrarse en sí misma hasta que pase la tormenta. En ambos casos, **interpretan la realidad negativamente.**

Puedes cambiar esta nefasta actitud acostumbrándote a plantearte las cuestiones siguientes cuando surja algo imprevisto.

- ◆ ¿Qué puedo aprender en esta crisis?
- ◆ ¿Cómo podría transformar esta molesta situación en algo ventajoso?
- ◆ ¿Qué tengo que hacer para evitar tal decepción la próxima vez?

Incluso si una persona en la que habías depositado toda tu confianza acabara de traicionarte, podrías sacar una lección de ello. Puedes utilizar los reveses de la fortuna para lanzarte en un nuevo camino. Puedes aprender siempre algo de cualquier crisis que tengas porque quieres **reducir la posibilidad de ver que se produce de nuevo.**

No hay que deprimirse o quedarse de brazos caídos cuando llegan las crisis porque nos dan la posibilidad de aprender, evolucionar y volver a levantarnos. ¿Sabes?, si la vida te ha dado limones, siempre puedes hacer limonada. ¿Es buena la limonada, no?

Si puedes aprender, aunque no sea más que una pequeña cosa de las crisis que pasas, terminarás por estar agradecido de haberlas vivido. Estas situaciones te dan una nueva visión de la vida que va a permitirte tomar mejores decisiones y reconstruirte sobre bases sólidas. Además, si puedes encontrar lo bueno de una situación difícil, será fácil para ti hacer las paces con el pasado cuando dicha situación haya terminado.

6. Demuéstrate que eres bueno

Nada da tanta confianza en uno mismo y, de paso, aumenta el optimismo, que estar convencido de nuestras posibilidades de éxito. Y ese sentimiento puede provocarse con bastante facilidad. Puedes llegar a ello en algunas etapas.

- *Fíjate objetivos en todos los aspectos de tu vida.* ¿Qué deseas realizar en tu carrera, con tu pareja o como padre o madre? ¿Qué quieres hacer en tu comunidad? ¿Cuáles son tus objetivos respecto a tu paz interior y a tu salud? Fíjate objetivos que te permitan proyectarte en el futuro.
- *Elabora un plan de acción.* ¿Por qué etapas tienes que pasar para concretar esos objetivos? Planifica detalladamente cada objetivo y divide las etapas en pequeñas partes. Esta división tiene que ser suficiente para que cada etapa que te encamine a realizar un objetivo sea relativamente fácil de llevar a cabo.
- *Lánzate y actúa.* Comienza a realizar una a una las porciones de etapas que has definido. No te dejes impresionar por la amplitud del desafío global que te espera. Toma cada parte, una a una, y actúa. A partir de ahora, estás en condiciones de empezar a lograrlo.
- *¡Celébralo!* Felicítate cada vez que termines una de las etapas. Cómprate un libro. Toma medio día de descanso. Pídele a tu cónyuge que te haga un masaje. Recompénsate por lo que acabas de hacer.

Al celebrar tu progresión, demuestras que tienes el talento necesario para llevar a cabo tus proyectos. Estás dándote pruebas de que no tienes que temer el futuro puesto que puedes contar con un sólido colaborador: ¡tú mismo! Tu hoja de ruta da testimonio de tu capacidad para cambiar las cosas y para alcanzar los resultados que deseas.

CLAVE N.º 8

El **lenguaje positivo** constituye la octava clave de la resiliencia. Mantener un lenguaje positivo influye en la manera en la que interpretas las situaciones y así puedes aumentar tu optimismo.

¿Cómo podemos volvernos más optimistas modificando simplemente nuestro lenguaje? El ser humano es complejo. Tomemos como ejemplo la relación que existe entre el sentimiento de felicidad y la sonrisa. Parece normal pensar que, cuando somos felices, sonreímos. Esta es la razón por la que podemos suponer que existe un conmutador interno que desencadena la sonrisa cuando estamos de buen humor.

A partir de ahora, esfuérzate en sonreír cuando las cosas van peor de lo que quisieras y vas a observar inmediatamente cómo mejora tu humor. La relación entre la sonrisa y tu estado mental no es unilateral. No es el buen humor el que desencadena la sonrisa. Esos dos elementos se influyen mutuamente.

Lo mismo pasa con el lenguaje positivo. Puedes pensar que el lenguaje positivo viene por sí mismo cuando alguien logra algo y se siente positivo. Tienes razón. Pero lo que vale la pena subrayar es que el optimismo aparece cuando adoptamos un lenguaje positivo. También en este caso, la relación es bilateral.

Recuerda la ecuación de la felicidad:

$$(SF = NNF + C + FC)$$

tratada en el capítulo anterior. Al utilizar el lenguaje positivo, haces que aumente la variable FC de la ecuación. Desarrollas un sentimiento de felicidad duradera. En resumen, te vuelves más resiliente.

9

Desconecta...
y acoge el estrés

Mala noticia si no tienes ningún estrés:
¡estás muerto!

LORETTA LAROCHE

The good old days weren't always good.
An tomorrow ain't as bad as it seems.
(Los antiguos días buenos no siempre estaban
bien. El mañana no es tan malo como parece.)

BILLY JOEL

*H*e invitado a unos amigos a cenar. Un poco antes, estoy a punto de comenzar mi famosa receta de estofado de pescado de las islas Sorel. Cuando voy a ponerme manos a la obra, me doy cuenta de que no tengo caldo de buey. ¿Me enfado por ello? No. Después de todo, el supermercado está a menos de un kilómetro de mi casa.

De un salto me meto en el coche y me voy al centro comercial. Veo un sitio para aparcar cerca de la puerta, pero otro conductor se pone delante de mí sin ninguna cortesía y aparca su coche. ¿Me pongo nervioso? No.

Encuentro otro aparcamiento (al fondo del estacionamiento de hecho) y entro en el supermercado. Encuentro rápidamente el caldo de buey y voy a la caja para pagar. Veo que sólo hay una persona (una señora

169

mayor con un carrito casi vacío) en la caja n.º 4 y me coloco detrás de ella.

Cuando la cajera termina de pasar los artículos que la señora ha comprado por el lector óptico, ésta comienza a buscar en su bolso para sacar los vales de descuento que tiene. La búsqueda no termina nunca. ¿Me enfado? Un poco, pero me esfuerzo de todas maneras por sonreír.

Después de haber encontrado sus vales, la señora saca su carné de billetes de lotería. Me doy cuenta de que estoy preso en una maniobra que va a durar una eternidad. Sé que la cajera tendrá que comprobar si los billetes tienen algún premio, que dará lo que ha ganado a la señora y que ésta comprará después unos «rasca y gana» o billetes del 6/49. He caído en una trampa. ¿Me pongo nervioso? ¡Sí! Cambio de caja y me doy cuenta de que si no modifico mi estado emocional, voy a pasar una sórdida velada.

¡El estrés es algo bueno!

¿Eres el tipo de persona que se preocupa por el futuro? Si es ése tu caso, voy a poner término rápidamente a tus preguntas: si no tienes ningún accidente grave, vas a envejecer, caer enfermo y morir. Ya está. Eso es todo. Ya no hay suspense.

¿Esto quiere decir que no puedes modificar tu futuro a corto plazo? En absoluto. Si actúas ahora, puedes. Ahora que ya sabes lo que te reserva el futuro, déjame decirte que no puedes cambiar absolutamente nada de tu pasado. Tanto tus errores como tus buenos momentos forman parte de tu historia para siempre. No hay repetición en la vida. No puedes cambiar una escena que no te ha gustado. Cada escena se representa sólo una vez.

¿Quiere decir esto que no puedes reparar tus errores pasados? No, en absoluto. Si actúas ahora, puedes hacerlo. Las crisis, las interrupciones y los acontecimientos imprevistos que te asaltan cada día te incitan a actuar enseguida. Tienes tendencia a pensar que esos acontecimientos generan estrés, pero no es verdad. **Esos acontecimientos personifican la vida.** El estrés es lo que sientes cuando reaccionas negativamente a lo que pasa a tu alrededor. Es lo que sientes cuando prefieres poder vivir tus días de modo automático sin tener que pensar demasiado.

Si estas crisis, estas interrupciones y estas situaciones imprevistas, llegan en una cantidad limitada, deberían recordarte que estás vivo y que es ahora cuando puedes actuar si deseas que tus proyectos avancen y aprovechar tu vida. Si no actúas, la tensión aumenta hasta que no puedes más. En ese momento, te sientes estresado.

Todos tenemos un límite que, cuando se sobrepasa, da lugar al estrés. Cuando eso se produce, dejamos de pensar y transferimos el control de nuestro cuerpo a una parte primitiva de nuestro cerebro que sólo conoce tres maneras posibles de actuar: **huir, atacar o petrificarse.** Nada nos da a entender que estas reacciones puedan mejorar nuestra estima personal o nuestra reputación.

- Si elijo la huída, dejo el caldo de buey en el mostrador, evito a la señora mayor y vuelvo a toda velocidad a mi casa. El problema es que me quedaría sin caldo para preparar mi estofado y me sentiría un poco ridículo cuando hubiera llegado a casa.

- Podría armarle un escándalo a la cajera o, mejor todavía, a esta cliente que ahora quiere buscar sus billetes de lotería. Podría decirle que no respeta a la gente que está detrás de ella esperando, que podría hacer la compra cuando yo no esté en el supermercado, que me pone nervioso con sus descuentos y que su perfume, unido a los olores de naftalina que emanan de su ropa, me dan náuseas. Pero ¿qué pasaría después? Habría estropeado mi día.

Podemos aprender a tener sangre fría

¿Qué puedes hacer para evitar caer en modo automático? Hay dos opciones: **aprender a reaccionar** según las situaciones antes de que se acumule la tensión o **aumentar tu umbral de tolerancia.**

Si no eliges una de esas opciones, tus días estarán inevitablemente marcados por la manera negativa en la que vives los sucesos que dan color a tu vida. Tendrás dificultades para apreciar el presente y sufrirás los principales inconvenientes del estrés (debilitamiento del sistema inmunitario, irritabilidad, insomnio, dificultad para concentrarse, impotencia, etc.).

¿Has lamentado ya alguna vez la reacción que has tenido en una situación precisa, o determinados gestos hechos de manera automática?

❖ Cuando tu compañero te ha invitado a cenar en un restaurante vegetariano, has supuesto que te encontraba gordo y le has dicho que no tenías ningunas ganas de comer con él sin poder controlarte. El incidente ha pasado hace menos de cinco minutos y ya lamentas tus palabras.

❖ Cuando tu cónyuge te ha hablado de ese nuevo compañero que parece muy competente, has pensado que soñaba con engañarte y has tenido una explosión de cólera. Ahora te sientes resentido contigo mismo.

Cuando interactúas con los demás, no siempre dispones de 20 minutos para pensar. Si no llegas a poder reaccionar al estrés en tiempo real, te arriesgas a hacer o a decir cosas que lamentarás después.

❖ Trabajas en el servicio de atención al cliente en un comercio. Un cliente, que desea anular una compra, te acusa de haberle forzado a comprar y de ser un vendedor atosigante. Esta acusación te irrita porque, muy al contrario, recuerdas que era él quien deseaba terminar esta transacción. Te dan ganas de echarle.

¿Qué puedes hacer para reducir tu estrés en ese preciso instante? Utilizaremos este ejemplo y el de la introducción para presentar seis técnicas útiles.

1. Céntrate

Centrarse es tomar conciencia del lugar donde estamos y de la persona que somos. Llegarás a ello siguiendo una secuencia en tres tiempos.

Comienza por ponerte de pie con los pies paralelos y las piernas ligeramente separadas. Imagina que tus pies están plantados en la tierra, una enorme fuente de energía.

Ponte derecho y respira profundamente. Sentirás que te invade una parte de la energía terrestre, penetra por los pies y se propaga por todo el cuerpo. Saca el pecho a medida que la sientas.

Date cuenta de que formas parte del mundo, pero que eres distinto de las demás personas que lo pueblan. Ahora que estás centrado, estás en mejores condiciones de hacer frente a la situación que te produce estrés. Al principio te parecerá laborioso pero, con el tiempo, llegarás a centrarte tan rápidamente que la gente no se dará cuenta.

Al centrarte, tomas conciencia de que eres **un individuo interactuando con el mundo.** También vuelves a encontrar tu nivel de energía y, al oxigenar el cerebro, aumentas tu capacidad para afrontar una crisis.

2. Juega a los analistas

Olvida que eres uno de los protagonistas de tu vida y pregúntate cómo vería la escena un observador. Descríbela objetivamente poniéndote en su lugar.

❖ Abel pensaba haber elegido una caja en la que podía pasar rápidamente. Se puso detrás de una clienta que era lenta. La cajera no podía hacer nada.

❖ Este cliente se siente desdichado. Para subirse la moral, ha comprado este producto, pero, tras haberse dado cuenta de que no le hacía feliz, quiere devolvérselo al vendedor. Para hacer valer su punto de vista, da a entender que el vendedor le ha forzado a comprarlo.

Observa que, al jugar a los analistas, adoptas un tono más real, más objetivo. **No hay lugar para la ira.** El analista nunca se siente atacado personalmente por los actores de la escena. Se contenta con analizar lo que pasa.

3. Cuestiónate la emoción que has sentido

Tómate algunos instantes para abrirte a ti mismo y descubrir la emoción que sientes ahora. Pregúntate si esta emoción está relacionada con lo que se ha producido en ese momento preciso. Para hacerlo, recuerda lo que origina las emociones. Hemos hablado de esto en el capítulo 1.

❖ Me irrita enormemente esta clienta. Ahora bien, la irritación se origina porque percibo que estoy pagando el pato (ver tabla de la página 29). ¿Por qué? ¿Porque tengo la impresión que debo pasar el primero por la caja? ¿Porque siento que esa dama me hace esperar intencionadamente? Voy a esperar respirando tranquilamente.

❖ Me siento ansioso. ¿Por qué? Temo que este percance me retrase en la preparación de la comida. ¿Es grave? En absoluto. Mis amigos y yo beberemos una botella de vino antes de sentarnos a la mesa. Eso es todo.

❖ Me siento culpable por no haber pensado en el caldo de buey cuando fui a comprar el pescado. Tengo que decirme que puedo cometer errores y que voy a repararlo.

❖ Estoy francamente enfadado. Eso quiere decir que me siento como un novato. ¿Cuál es la causa? ¡Ah sí! Este cliente duda de mi profesionalidad. No puedo dejarle hacer esto.

Cuestionándote sobre la causa de la emoción que has sentido, puedes **decidir si tiene o no fundamento.** Esto te permite ponerle fin si sacas la conclusión de que tu reacción es excesiva respecto a la realidad. ¿Te extraña que se pueda *decidir si una emoción tiene o no fundamento y ponerle fin?* Estás pensando, después de todo, somos humanos, no somos máquinas. Este argumento es, sin embargo, la base de la teoría cognitiva del comportamiento. Efectivamente, determinando *cognitivamente* que una emoción no tiene fundamento, desaparece por sí misma. Veamos un ejemplo propuesto por Freeman.

❖ Es domingo y vas a la farmacia para que te den lo que te han recetado. En el momento de entrar, un hombre te adelanta empujándote ligeramente y se dirige hacia el mostrador. Le fulminas con la mirada porque habría debido respetar el hecho de que has llegado primero. Esto te irrita, pero de todas maneras te quedas en la cola detrás de él.

❖ Te llega el turno y en el momento en que te acercas al mostrador, la farmacéutica mira al hombre que se va y dice: «Pobre hombre. Su bebé está enfermo y va a morir muy pronto. Pero él viene

corriendo de todas formas para buscar sus medi-
camentos».

❖ De pronto, tu ira desaparece porque aceptas el
hecho de que el hombre tenía razón al tener prisa.
Al pensar que su comportamiento estaba justifi-
cado, desaparece el sentimiento de no haber sido
respetado.

4. Pregúntate sobre las posibles repercusiones

¿Qué impacto tendrá la situación actual si la toleras?
Respondiendo a esta cuestión de la manera más realista posible, estás en condiciones de elegir la reacción
más apropiada. ¿Si puede causar un pequeño impacto,
por qué hacer una escena o sentirse culpable?

Eso no quiere decir que tengas que ponerte gafas de
color rosa y aceptar cualquier tipo de comportamiento.
Si hay alguna situación peligrosa para ti o si no te sientes respetado, tienes que reaccionar. Por ejemplo, el
vendedor podría preguntar al cliente: «¿Está hablando
en serio? ¿Realmente afirma que le he obligado a comprar este artículo?

Lo que aquí importa es que se puedan medir las re-
percusiones potenciales de la manera más realista posible. Si no son importantes, no hagas una montaña de
un grano de arena. Si son importantes, exprésate.

5. Ocupa tu mente en otra cosa

Si tu pantalla gigante interna presenta imágenes que te provocan emociones desproporcionadas con la situación actual, puedes desviar tu atención, ocupándote en otra cosa.

Cierra los ojos un instante y revive un momento que hayas apreciado especialmente. Quizá sea una cena reciente entre amigos o tus últimas vacaciones en la playa de Acapulco. Proyecta esas imágenes en tu pantalla gigante interna. Impón este cambio de programación. No tardarás mucho en sentir las emociones que tenías en el momento de esa cena o de esa estancia en México.

Puedes jugar al alfabeto. Elige una categoría (nombres, flores, marcas de coche, etc.) y, comenzando por la A, encuentra palabras que empiecen por cada una de las letras. Así, utilizando los nombres como ejemplo, sería: Antonio, Bernabé, Claudia, Diana, Enrique, Federico, Germán, Herman, Irene, Juan, Katia, Lucas, María, Nicolás, Ovidio, Pamela, Quique, Raúl, Sara, Timoteo, Úrsula, Verónica, Walter, Xavier, Yaiza, Zoé.

Puedes practicar con la tabla de multiplicar o recitar un poema que te guste y hayas aprendido de memoria. A mí, por ejemplo, me gusta el monólogo de Don Diego en la obra *El Cid* o el poema *Desirata* de Max Ehrmann.

Puedes visitar mentalmente una casa en la que hayas vivido cuando eras joven y en la que te sentías bien. Vuelve a mirar todas las habitaciones y los muebles. Abre los armarios de la cocina y los de la habitación. Asómate a la ventana. Baja al sótano y date cuenta, mentalmente, que no ha cambiado nada.

6. No pierdas de vista tus valores

Si te sientes estresado de repente y no puedes determinar la causa del estrés, pregúntate sobre lo que estás haciendo en ese momento: quizá estás actuando de manera opuesta a un valor importante para ti. Por ejemplo, si para ti es importante la honestidad y en ese momento estás inventando una mentira para rechazar una invitación. O si es la amistad el valor importante y estás revelando a alguien una confidencia que te ha hecho una amiga.

Si tienes dudas, haz un inventario de tus valores y **compáralos con tu proceder actual.** El origen de tu estrés se volverá entonces mucho más claro.

Aumenta tu nivel de tolerancia

Es posible volverse más tolerante con las situaciones que puedan provocar estrés. La manera más sencilla de hacerlo consiste en reducir las ocasiones en que éstas se presentan. Por ejemplo, si una persona te exaspera, puedes limitar tus contactos con ella. Si no estás hecho para un tipo de trabajo, puedes encontrar otro sector de actividad que corresponda mejor a tus puntos fuertes y a tus valores.

Tus hábitos de vida también son importantes. Si duermes lo suficiente, te alimentas de manera equilibrada y haces ejercicio, tu cuerpo se reforzará y estarás en condiciones de tolerar más estrés que el que te hace estallar hoy día.

El placer constituye un importante antídoto contra el estrés. ¿Eres el tipo de persona que da por supuesto que ya gozarás un día, cuando tus hijos sean mayores, cuando acabes de pagar la hipoteca, cuando...? Mala noticia para ti si es este tu caso: **si eres incapaz de gozar cada día, no lo harás nunca.** Olvida el mito de la tierra prometida. No es mañana ni en un futuro incierto cuando puedes divertirte. Es hoy. Aquí tienes algunas sugerencias que te ayudarán a deleitarte.

■ *Prevé un tiempo, cada día, para realizar alguna actividad que te guste.* Puede ser andar por el parque durante la hora del mediodía, leer una novela o alquilar una película por la noche. El simple hecho de hacer durante unos minutos algo que aprecias, aumentará en tu cerebro la presencia de ciertos neurotransmisores que amplían tu resistencia al estrés.

■ *Abónate a un servicio Internet que te envíe un buen chiste cada día.* Si puedes reírte, aumentas tu resistencia al estrés.

■ *Haz como si te gusta.* Si tienes que participar en una velada a la que no tienes ningunas ganas de ir, haz como si fuera un placer para ti. Imagínate representando un papel. Vas a darte cuenta de que, finalmente, la gente será más entusiasta contigo e incluso es posible que aprecies ese momento.

También puedes dirigir tu vida hacia caminos que te permitan sentir placer. Trataremos de este aspecto en el capítulo 10.

CLAVE N.º 9

La **capacidad para controlarse** es la novena clave de la resiliencia. El control de tus reacciones en las situaciones que puedan estresarte, unida a esta otra clave de la resiliencia que es la objetividad, te evitará reaccionar en exceso o de forma demasiado fría si te encuentras en una situación estresante. Así conservarás la capacidad de protegerte en caso de peligro, pero no atacarás de manera indebida al exagerar la amenaza que representa una persona para ti.

El control de lo que se presenta en tu pantalla gigante interna, cuando te encuentras estresado, también te permite no sucumbir al pánico, no jugar a hacerte la víctima o no desarrollar resentimiento hacia personas que no lo merecen. Como presidente de tu consejo de administración interno, tienes derecho a mirar la programación.

El control también puede **aplicarse a tu futuro.** ¿Tienes la impresión de llevar las riendas de tu vida? Si la respuesta es sí, debes tener una idea clara del lugar al que deseas ir. ¿Qué quieres hacer? Si no te fijas objetivos, los acontecimientos, las crisis y las interrupciones determinarán lo que haces de tus días. Si tienes objetivos y controlas mejor tus reacciones frente a los acontecimientos que puedan agredirte, siempre serás capaz de enderezarte, aunque en algún momento te sientas desestabilizado. Tus objetivos se convertirán en el norte magnético que te permitirá ponerte en camino una vez hayas reabsorbido la crisis. A continuación detallo algunos objetivos que me han comunicado recientemente personas que han asistido a las conferencias.

- ◆ Obtener un MBA (Master in Business Administration) de aquí a cinco años.
- ◆ Obtener una promoción de aquí a que se jubile mi supervisor.
- ◆ Resistir en mi empleo hasta la fiesta de graduación de mi hija.
- ◆ Dejar el hogar familiar (y escapar de la violencia) de aquí a seis meses.

¡Pero cuidado! Controlar tu vida no implica no necesitar más a los demás o intentar lograr todo individualmente sin la ayuda de amigos o de profesionales. Los que creen que pedir ayuda denota debilidad y que acudir a alguien en una situación de crisis supone perder el control de su vida, se equivocan.

Al contrario, reconocer cuando necesitamos ayuda para alcanzar nuestros objetivos o para atravesar un periodo difícil es signo de madurez. Llevar las riendas de nuestra vida no significa perder la humildad.

Por último controlar tu vida tampoco quiere decir controlar a los demás. Los que te rodean también tienen derecho a soñar, y sus sueños no son necesariamente los tuyos. Es verdad que pueden ayudarte, pero no deben convertirse en herramientas que utilices a sus expensas para hacer que tus proyectos progresen. No son peleles.

Conténtate con controlar a tu más precioso aliado: a ti mismo. Después podrás pedir el apoyo de los demás.

10

Enriquece tu vida

¿Sabes? La vida se aprende fuera.

SERGE LAMA

Mi última voluntad es vivir, vivir.

ALICE DONA

En 1940, Viktor Frankl trabajaba sobre un proyecto de libro que debía titularse *El doctor y el alma.* Acababa de ser nombrado jefe de los servicios neurológicos del hospital Rothschild, el único hospital para judíos en Viena bajo el régimen nazi.

Frankl se casó en 1942, pero, en septiembre del mismo año, lo detuvieron y lo enviaron al campo de concentración de Theresienstadt, en Bohemia. Su esposa, su padre, su madre y su hermano también hicieron ese viaje. Su padre murió de hambre. A su madre y a su hermano los mataron en Auschwitz en 1944. Su esposa murió en Bergen-Belsen en 1945.

Durante el viaje a Auschwitz, descubrieron el manuscrito de su libro cosido en el interior de su abrigo y lo destruyeron. Poco tiempo después, la fiebre tifoidea se apiadó de él. Frankl se mantuvo vivo y, analizando lo que ocurría a su alrededor, volvió a escribir su libro en pequeños trozos de papel robados. Liberado en abril de 1945, publicó ese libro antes de lanzarse a la escri-

185

tura de otro que había pensado hacer mientras estaba en el campo de concentración. En este libro, titulado *Man's Search for Meaning*, Frankl intentó comprender por qué, en esos campos, algunas personas sobrevivían mientras otras se dejaban morir. En su opinión, los prisioneros que tenían la esperanza de volver a ver a los suyos, que tenían en su mente proyectos que realizar o que poseían grandes convicciones religiosas tenían más probabilidades de sobrevivir que los demás. De hecho, los que sobrevivían eran los que podían dar un sentido a su vida.

«Es un rasgo especialmente humano», escribe, «no poder vivir más que enfocándose en el futuro. Los hombres encuentran su salud en los momentos más difíciles de su existencia, a pesar del hecho de que deban obligar algunas veces a su mente para llegar a ello. Yo he logrado distanciarme de mis sufrimientos diarios proyectándome en el futuro y viéndome dar conferencias sobre mi experiencia en los campos». (traducción libre del autor).

Para volvernos resilientes, **tenemos que dar un sentido a nuestra vida.** Debemos tener una razón para levantarnos cada mañana. Tenemos que asumir objetivos a largo plazo.

¿Por qué tener miras pequeñas?

Para estar en condiciones de proyectarnos en el futuro y de encontrar un sentido a nuestra vida, hay que multiplicar las ocasiones de descubrirse. Hay que salir del nido y tomar conciencia de lo que el universo tiene para ofrecer. Para ello, tenemos que **enriquecer nues-**

tra vida. Hay demasiadas personas que se contentan con una vida limitada. Se levantan por la mañana y se van a trabajar sin mucho entusiasmo. Trabajan todo el día haciendo lo mínimo necesario para conservar su empleo. Vuelven a su casa por la noche y se apalancan delante de la televisión hasta la hora de acostarse.

Si les preguntas lo que les gusta en la vida, no lo saben. Si intentas descubrir cuales son sus proyectos de futuro, te das cuenta de que no tienen. Si un día se presentara un genio ante ellos y les dijera que pidieran tres deseos, no sabrían qué pedir. No pueden hacerlo porque su vida está confinada. Su campo de visión es limitado. No saben qué otra cosa podrían hacer para vivir.

Para desarrollar una visión de futuro, hay que saber, sobre todo, que es posible esperar más de la vida. También hay que saber cuáles son nuestros puntos fuertes y nuestros puntos débiles.

No es posible descubrir qué más se puede esperar si nos contentamos con poco. Imagina que has pasado tu vida en una caverna y que el día de tu mayoría de edad el jefe del clan te pregunta qué harás de ahora en adelante. La única respuesta que te aparecerá como posible estará relacionada con la caverna. No podrás aspirar a otra cosa porque ignoras que existe un mundo fuera del lugar donde has pasado tu vida.

Para elaborar proyectos, tienes que tomar conciencia del mundo que te rodea y de sus posibilidades. Debes aprender a conocer a aquellas personas que pueden ayudarte a realizar tus sueños, una vez que hayan germinado en ti.

Tampoco puedes conocerte mientras no hayas entrado en contacto con el mundo. Si nunca has afrontado una crisis, no puedes saber cuál es tu resistencia al estrés. Si no has tenido que hablar en público, no puedes adivinar tus aptitudes para ello. Si nunca has tenido la posibilidad de dar algo de tu tiempo por una buena causa, apuesto a que ignoras lo que puedes sacar de ello y piensas que los que lo hacen chochean.

Una vida rica te permite despertar al mundo y te da la ocasión de descubrir lo que puedes hacer y, a la vez, saber cuáles son tus cualidades y talentos. Es un estado que más vale descubrir pronto que tarde porque, si lo descubres pronto, estarás más en condiciones de aprovecharlo.

Una vida rica y plena

¿Cómo puedes enriquecer tu vida a partir de ahora? Simplemente luchando contra las ganas de encerrarte en ti mismo. Veamos algunos medios a tu disposición.

Ábrete a los demás y deja que se abran a ti

¿Multiplicas tus contactos o te escondes cada vez que tienes la posibilidad de conocer a alguien? ¿Llegas a abrirte y a compartir lo que sientes con tus allegados? ¿Escuchas a la gente cercana a ti para comprender mejor lo que sienten y reaccionar en consecuencia? Por supuesto, abrirse a los demás es volverse vulnerable y correr el riesgo de que te hieran. Esta es la razón por la que algunas personas huyen de las relaciones íntimas. De esta manera intentan protegerse, pero, haciendo esto, empobrecen su vida.

Hoy sonríe a alguien en el ascensor y, si te sientes realmente temerario, deséale un buen día cuando se abran las puertas. Llama a un amigo del que no tengas noticias desde hace años y pregúntale cómo va su vida. Esta noche, en la cena, apaga la televisión o la radio y pide a los miembros de tu familia que hablen de cómo les ha ido el día. Di gracias a la gente que te hace la vida más fácil y, por último, si ves que una persona tiene un día difícil (la cajera del supermercado, por ejemplo), sonríe y anímala, sé positivo.

También puedes abrirte a los demás en tu trabajo. Haz un cumplido a algún compañero por la calidad de su trabajo o por cómo va vestido. Saluda a las personas que normalmente son invisibles para ti. Si hay un nuevo empleado, ofrácele visitar la oficina y preséntalo a los miembros del equipo. Toma tu tiempo de descanso con alguien al que conozcas poco.

Continúa aprendiendo

¿Qué soñabas hacer de pequeño? ¿Ser artista pintor? ¿Campeón de kárate? ¿Por qué no volver al origen de lo que te apasionaba sumergiéndote en el aprendizaje de ese arte o de ese deporte? El centro comunitario de tu localidad ofrece multitud de actividades: aprovecha para volver a ocuparte en algo que te apasione y haya quedado relegado en el olvido demasiado tiempo. Esta actividad te permitirá también entrar en relación con personas que compartan tus intereses.

¡Sobre todo, no vayas a decirte que las actividades extraprofesionales no sirven en absoluto y que no te son de ninguna ayuda en tu trabajo! Una actividad puede ayudar a valorarte sin tener que ser remunerada. Además, nunca sabes dónde puede llevarte la vida. Yo formaba parte de un club de creación literaria desde hacía más de cinco años antes de pensar seriamente en escribir (desde entonces he publicado decenas de libros). Prepárate para cuando el destino te haga una señal.

Renueva tu carné de miembro de la biblioteca municipal

¡Si hace mucho tiempo que no has puesto los pies en una biblioteca, ya es hora de que te des una vuelta por allí! Descubrirás obras inspiradoras, guías informativas, las últimas revistas que tratan sobre diferentes temas e incluso CD's y vídeos. Paséate por las diferentes secciones. Hojea los artículos que te atraigan. Quizá descubras una motivación que no conocías.

Arriésgate

Hazte miembro de alguna asociación cuya misión te importe mucho. Prueba un nuevo restaurante. Lanza una pequeña empresa. Haz ese primer salto en paracaídas con el que sueñas desde hace tanto tiempo. Comprométete en política. Inscríbete en un concurso para aficionados a cualquier cosa. Redacta una carta de opinión y envíala al correo de lectores de tu periódico favorito.

Mantente al corriente de la actualidad

Mantenerte informado te permitirá desarrollar una visión personal de la sociedad y tener varios temas de reserva cuando intentes entrar en contacto con alguien.

Lo que importa es que te abras a realidades a las que te has cerrado hasta ahora. Esto te permitirá comprender rápidamente y reaccionar de manera apropiada a las situaciones a las que te enfrentes. Tu apertura al cambio se mejorará también y, en los tiempos que corren, tal apertura constituye una auténtica ventaja.

Enriquecer nuestra vida ayudando a los demás

Desde hace algunos años la gente ha perdido de vista el hecho de que forman parte de una gran comunidad. De hecho, estamos más solos hoy día que hace 30 años.

Hace 30 años, las tiendas cerraban los domingos. En lugar de jugar a los consumidores, los ciudadanos se visitaban entre ellos y se tenían al corriente de la vida de sus familiares. Hoy día, tienen suerte si se encuentran en un centro comercial y, si sucede, a menudo aparentan no verse. No tienen tiempo de pararse unos minutos para charlar.

Hace 30 años, los padres no se dirigían al Estado para que cuidara de sus hijos. La madre, los parientes o su entorno se responsabilizaban de ellos mientras el padre iba a trabajar. Y los vecinos se ayudaban entre sí. Actualmente, el Estado ha sustituido a los vecinos.

Hace 30 años, las deudas familiares eran inferiores a lo que son hoy día. La gente no se sentía constantemente acosada por la sociedad de consumo y no se sentían obligados a sacrificar su vida comunitaria ni sumergirse por completo en el trabajo para poder llegar a fin de mes.

Hemos perdido el **sentido comunitario.** Ya no sentimos que formamos parte de un colectivo. Ahora formamos parte de una sociedad individualista en la que tenemos la impresión de no ser más que peones. Hemos desarrollado la impresión de que perdemos si hay alguien que gana. Lo trágico es que, al perder nuestro sentido comunitario, también despreciamos el altruismo y olvidamos una parte de nuestra resiliencia.

Enriquecer nuestra vida es también volver a encontrar ese sentido comunitario y volver a aprender a echar una mano a alguien sin esperar nada a cambio. Hay mucho que ganar si actuamos así.

❖ ¿Te has dado cuenta de que un estudiante de tu clase tiene dificultades con una asignatura que a ti se te da especialmente bien? Le ayudas un poco y, cuando se examina, te dice sonriendo que cree que el examen le ha salido bien. Inmediatamente te sientes más orgulloso de ti.

❖ Has dado a la cajera un billete de 10 euros y ella te da 12,34 euros en monedas. Está claro que cree que le has dado un billete de 20 euros. Le dices que se ha equivocado y, al darte el importe exacto que te corresponde, te da las gracias encarecidamente. Te vas de la tienda más erguido, como si hubieras crecido cinco centímetros en los dos últimos minutos. Una hora más tarde, has olvidado el incidente, pero te sientes muy bien.

El altruismo desafía las leyes matemáticas. En teoría, el hecho de dar a los demás debería empobrecernos, pero lo que pasa es lo contrario: cuanto más ayudas, mejor te sientes. El hecho de ayudar a los demás afecta directamente a tu salud y a la alegría que sientes al codearte con ellos cada día. Esto también aumenta tu fe en tus capacidades así como tu estima personal. Algunos experimentos han demostrado incluso que, cuando nos entregamos al altruismo, nuestro ritmo cardiaco disminuye y nuestro nivel de anticuerpos aumenta y sigue a un nivel elevado durante varias horas.

Cuando das (tu tiempo, tus capacidades, tu energía, tu dinero o cualquier otro recurso que tengas), te elevas un momento por encima de tu existencia y pasas a otra esfera de la actividad humana. Dejas de preocuparte por tus problemas personales y tomas conciencia de tu capacidad para cambiar la existencia de los demás. En ese momento, no sientes miedo.

Pregúntate qué puedes hacer para ayudar a otras personas y **hazlo**. Infórmate de los organismos que te necesitan y mantente al acecho de las necesidades que tienen las personas que te rodean. No necesitas ser la madre Teresa ni inventar un medicamento milagroso contra el sida. Haz lo que puedas hacer en el sitio donde vivas. No tardarás en sentir los efectos benéficos del altruismo.

Además, por efecto de reciprocidad, tampoco tardarás en beneficiarte personalmente del fruto de tus esfuerzos. La gente te apreciará más y te lo harán sentir. Eso tendrá un efecto benéfico en tu estima personal y en la percepción que tienes sobre tu capacidad para cambiar las cosas. Tendrás más confianza en ti y te gustará arriesgarte. No te extrañes y **apre-**

cia este nuevo estado mental y emocional. Grita, sí, sí: «¡Ah, cómo me gusta este estado en el que me encuentro!» No te preocupes, no te van a poner una camisa de fuerza. Simplemente estás adaptándote a una vida más rica.

CLAVE N.º 10

La **curiosidad** constituye la décima clave de la resiliencia. La curiosidad es ese talento que te permite ahondar en tu entorno para encontrar algo que te permita enriquecer tu vida. Es la facultad que te hace encontrar a la persona que podrá ayudarte a realizar uno de tus sueños. Es la calidad que te impulsa a comprender lo que te ocurre para favorecer la repetición de situaciones felices y disminuir las ocasiones en que se producen situaciones desagradables. Es el poder que te hace apto para encontrar elementos positivos en una situación catastrófica.

Quizá ya te han dicho, cuando eras joven, que la curiosidad era un defecto muy feo. ¡Nada más falso! No sentir curiosidad es preparase para vivir en la ignorancia y dejar pasar ocasiones que habrían podido ayudarte a realizarte. Más bien, es la falta de curiosidad lo que constituye un defecto porque te confina a una **vida estrecha de miras en la que haces un papel de comparsa.**

Hay tres maneras de aprehender el mundo. Mediante la curiosidad natural, esa que te impulsaba cuando eras un niño. Mirando y siguiendo el ejemplo de los que te rodean. Frecuentando diferentes redes de enseñanza. Por desgracia, cuando empezaste a ir a la escuela, probablemente te hicieron comprender que los dos primeros modos no eran necesarios y que, a partir de ese momento, el sistema escolar se encargaría de ti.

¡Qué mentira! Nadie puede ser competente si se fía únicamente de otras personas para saber qué conocimientos y competencias necesita. Una vida humana no puede corresponder a un programa escolar. Tienes que reanimar tu curiosidad si quieres progresar a nivel humano. A pesar de todos los títulos que hayas acumulado, tu aprendizaje no ha terminado. Incluso es posible que, en algunos aspectos de tu vida, ni siquiera haya empezado.

No sucumbas al síndrome del zombi, ese ser que no se plantea nada sobre su entorno o sobre las personas que lo rodean. Pregúntate por qué suceden las cosas. Trata de descubrir lo que no sabes. Desarrolla proyectos de futuro y luego busca los recursos (conocimientos, competencias, contactos, etc.) que te falten para llevar a cabo esos proyectos. Vuélvete insaciable respecto a los conocimientos que pueden ayudarte a realizar tus sueños.

Según vayas realizando el proceso, incorporarás un nuevo saber y estarás en condiciones de redefinir tu visión del mundo y de ser más eficaz cuando intentes actuar en él.

Actualmente existe un debate sobre la edad de jubilación, en gran parte por el escaso índice de natalidad y el envejecimiento de la población. La pregunta subyacente es: ¿cuándo envejece la gente? La respuesta es muy sencilla: cuando pierden su curiosidad.

Conclusión

No creo que una persona esté sana mentalmente si no podemos encontrar en ella ningún malestar psicológico. La ausencia de enfermedad no supone que se goce de salud y la ausencia de pobreza no supone la riqueza.

DAN BAKER

*E*n este libro he presentado las 10 claves de la resiliencia. Estas claves te ayudan a resistir los golpes de la vida sin perder tu energía, tu gusto por la vida o tu capacidad para volver a levantarte. Te he hablado claramente de las claves que están al alcance de todos aquellos que desean volverse más resistentes y aumentar su propensión a la felicidad. Recordémoslas brevemente.

La capacidad de abrirnos	La gratitud
Sentido de responsabilidad	La autenticidad
El discernimiento	El lenguaje positivo
La objetividad	El control
El valor	La curiosidad

La vida parece injusta, pero, en cierto sentido, es bastante justa; un día u otro golpea a todo el mundo. Adquirir las claves de la resiliencia no te protegerá de las situaciones dramáticas que tengas que pasar, pero te permitirá volver a levantarte.

Al cabo del tiempo, esas claves te permitirán jugar otra baza muy útil en momentos de crisis: el sentido del humor. El humor te permite hacer una síntesis de lo que pasa, descubrir aspectos positivos en la situación más negra y distanciarte de otras que pueden perjudicarte. El sentido del humor te ayuda a no hundirte.

Seas rico o pobre, las claves de la resiliencia están a tu alcance. Estés enfermo o sano, formes parte de un grupo minoritario o puedas contar con el apoyo de la mayoría, puedes ser más resiliente. Basta con que empieces, ahora.

En el momento en que escribo estas líneas, el actor canadiense Michael J. Fox acaba de lanzar su autobiografía. Multimillonario y vedette, con películas como *Retour vers le futur (Retorno al futuro)* entre otras, tuvo que abandonar su carrera antes de cumplir 30 años a causa de la enfermedad de Parkinson. ¿Cómo piensas que ha titulado su autobiografía? La suerte de mi vida. ¡Por supuesto! ¡Porque ahora sabe que la enfermedad le permitió dejar una vida superficial, vacía e inútil!

Fox descubrió un diamante en la enfermedad que se amparó de él. Prefirió buscar cómo podría evolucionar con esta prueba a la que la vida le sometía. Eligió tomar contacto con sus auténticos valores. Ha demostrado su resiliencia.

Es el momento de actuar

Sin duda tienes ganas de desarrollar algunas de las 10 claves de la resiliencia. Es una excelente idea, pero ¿cómo hacerlo? Una buena manera de lanzarte sería consagrar las 10 semanas siguientes al desarrollo de cada una de las 10 claves y luego volver a comenzar. La semana que viene podrías dedicarla a tu capacidad para abrirte, la siguiente a responsabilizarte de tu C.A. interno, etc.

Según vayan pasando las semanas, te darás cuenta de que tu sentimiento de miedo disminuirá y que las imágenes proyectadas en tu pantalla gigante interna serán cada vez más positivas. Al mismo tiempo, verás que sigues teniendo energía al final del día y que mejora la calidad de tus relaciones. No te extrañes. No haces más que comenzar a sentir los efectos de la resiliencia.

También te darás cuenta de que tu interpretación de las situaciones cambia. Lo que te aterraba en el pasado se convertirá en una fuente de aprendizaje y lo que te dejaba paralizado hará que te sumerjas en la acción. Eso es señal de que te vuelves más fuerte.

Si deseas ir más lejos en esto e influir en tu entorno sin dejarte manipular por los que te rodean, lee *No te dejes manipular*,[5] el complemento natural del libro que tienes entre manos. No te precipites y vayas corriendo a la librería para comprarlo; tienes que trabajar con estas 10 claves antes de eso.

A medida que te vuelvas más resiliente, observarás que tus motivaciones cambian. Mientras antes tenías

5. Ediciones Mensajero, Bilbao, 2006.

tendencia a pensar en tus necesidades personales y en proteger tus intereses, ahora verás que te abres a los demás y que te preguntas lo que puedes hacer por ayudarles a que ellos también se vuelvan más resilientes. Esto se hará una vez que se hayan operado determinados cambios en ti mismo.

- *Te darás cuenta de que te sientes mejor cuando puedas ayudar a otras personas* a que aprecien más la vida y se vuelvan más resilientes.
- *Te sorprenderás cuando veas que te sientes más feliz al utilizar tus puntos fuertes,* ya sea en beneficio propio o de otros.
- *Serás más paciente con los que jueguen a hacerse los mártires,* aquellos que teman enriquecer su vida y que sientan la catástrofe si sobreviene un acontecimiento imprevisto.

En ese momento, no dudes en escribirme para confirmarme que has alcanzado los objetivos de este libro. Cuéntame lo que has realizado. Dime lo que has hecho para evolucionar y mejorar la vida de los que te rodean. Comparte conmigo los miedos de los que no has podido desembarazarte todavía.

Estos mensajes formarán parte quizá de un libro que va a inspirar a otras personas a comprometerse en el camino de la resiliencia.

Gracias de antemano por tus comentarios.

Lecturas sugeridas

BAKER, Dan, y Cameron STAUTH. *What Happy People Know: How the New Science of Happiness Can Change Your Life for the Better,* Pennsylvanie, Rodale Press, 2003.

CALLAHAN, John. *Don't Worriy, He Won't Get Far on Foot,* New York, Vintage, 1990.

CARSON, Richard D. *Taming Your Gremlin: A Guide to Enjoying Yourself,* New York, Harper Perennial, 1990.

EPSTEIN, Robert. *The Big Book of Stress Relief Games: Quick, Fun Activities for Feeling Better,* McGraw-Hill, New York, 2000.

FOX, Michael J. *La chance de ma vie,* Montréal, Libre Expression, 2003.

FRANKL, Viktor E. *Man's Search For Meaning: Revides and Updated edition,* Pocket Books, 1997.

FREEMAN, Arthur, y Rose DEWOLF. *The 10 Dumbest Mistakes Smart People Make and How to Avoid Them: Simple and Sure Techniques for Gaining Greater Control of Your Life,* New York, Harper Perennial, 1992.

HALLOWELL, Edward M., y John J. RATEY. *Driven To Distraction: Recognizing and Coping with Atten-*

tion Deficit Disorder from Childhood Through Adulthood, New York, Touchstone Books, 1995.

KAUFMAN, Gershen, RAPHAEL, Lev, y Pamela ESPELAND. *Stick Up For Yourself: Every Kid's Guide to Personal Power and Positive Self-Esteem,* Minneapolis, Free Spirit Publishing, 1999.

LAROCHE, Loretta. *Relax – You May Only Have a Few Minutes Left: Using the Power of Humor to Overcome Stress in Your Life and Work,* New york, Villard, 1998, 192 p.

McCULLOUG, Michael E. y al. *To Forgive is Human: How to Put Your Past in the Past,* Illinois, InterVarsity Press, 1997.

OSBORNE, Carol. *The Art of Resilience: One Hundred Paths to Wisdom and Strength in an Uncertain World,* New York, Three Rivers Press, 1997.

REIVICH, Karen, y Andrew SHATTÉ. *The Resilience Factor: 7 Essential Skills for Overcoming Life's Inevitable Obstacles,* New York, Broadway Books, 2002.

RUTLEDGE, Thom. *Earning Your Own Respect: A Handbook of Personal Responsibility,* Oakland, New Harbinger, 1998.

SAMSON, Alain. *Pourquoi travaillez-vous?,* . (coll. S.O.S. BOULOT) Éditions Trasnscontinental, Montréal, 2002.

SAVAGE, Elayne. *Don't Take It Personally! The Art of Dealing With Rejection,* Oakland, New Harbinger Publications, 1997.

SELIGMAN, Martin E. P. *Learned Optimism: How to Change Your Mind and Your Life,* New York, Pocket Books, 1998.

SIEBERT, Al. *The Survivor Personality: Why Some People Are Stronger, Smarter, and More Skillful at Handling Life's Difficulties ... and How You Can Be, Too,* New York, Perigee, 1996.

Índice

Otros títulos de esta colección

Pide y recibirás
Pierre Morency

**¡Sé audaz! ¡Pide y conseguirás
lo que desees!**

«La gente que tiene éxito, actúa. A la que le
gustaría tenerlo, reflexiona.» Después de leer esta
frase entenderás que si realmente quieres cumplir
tus deseos, debes tener la audacia de pedir.

Pierre Morency lleva más de veinte años realizando investigaciones científicas sobre el éxito y aquí
propone mostrarnos el fruto de dichas investiga-
ciones. Uniendo su formación de físico a una curiosidad insaciable, el autor
pone en tela de juicio las evidencias con el fin de demostrar que el mundo no es
tal y como lo concebimos.

Aunque tenga miedo,
siga adelante
Susan Jeffers

**Aparte de su vida el miedo y acceda a su
Yo Superior para encarar la vida con
optimismo y una actitud más positiva**

Tras el extraordinario éxito editorial de
Aunque tenga miedo, hágalo igual, Susan
Jeffers propone en este libro un enfoque más
práctico con multitud de ejercicios, afirmaciones y consejos para lograr apartar de nuestra
vida las actitudes derrotistas, el miedo al futuro y las dudas que nos
atenazan en cada nuevo reto. Sea cual sea el origen de su miedo, este libro
le proporcionará los conocimientos y las herramientas necesarios vencer
el inmovilismo. Pasaremos del dolor, la parálisis y la depresión al poder,
la energía y el positivismo.

Sé positiva

Sue Patton Thoele

**Lleva este libro siempre contigo.
¡Úsalo y aprenderás a ser feliz!**

Con este libro, la celebrada autora Sue Patton Thoele
ha hecho que miles de mujeres vuelvan a recobrar la
mejor imagen de sí mismas. A través de sus páginas
encontrarás numerosos ejercicios, afirmaciones,
consejos y meditaciones que te ayudarán a confiar en
tu sabiduría intuitiva y a mejorar psicológica,
emocional y espiritualmente para vivir una vida más
intensa, plena y feliz. Por ello este libro es tu guía para aprender a:

- Sentirte más segura.
- Superar tus miedos, bloqueos y temores.
- Aceptarte tal como eres.
- Gozar de la vida con plenitud.

Pensamiento positivo

Vera Peiffer

**El optimismo puesto en acción para
conquistar el bienestar y el éxito**

No hay límites para lo que uno puede conseguir si
programa su mente de manera adecuada ¿Por qué
nos ocurre con tanta frecuencia que cosas
aparentemente sencillas nos parecen imposibles?
Pensamiento positivo expone un conjunto de ideas
y ejercicios prácticos que nos ayudarán a eliminar
los obstáculos y a conquistar el control de nuestro propio futuro mediante:

- La elaboración de un programa adaptado a la personalidad de cada individuo.
- La superación del estrés en la vida doméstica y laboral.
- La toma de contacto con los sentimiento interiores para eliminar los
  pensamientos negativos.